MANUEL

DU

NOTAIRE.

Se vend à AGEN,

Chez J. B. GRENIER, *Imprimeur, rue Garonne, ou chez l'auteur, rue du Cat, en face de celle de la Préfecture.*

PRIX : Broché, 5 francs, non compris le port.

On est prié d'affranchir les lettres d'avis et les envois qu'on pourra faire.

Pour prévenir la contrefaction , on est averti que l'auteur a apposé sa signature sur le revers du frontispice.

MANUEL DU NOTAIRE,

OU

INSTRUCTION,

Par Demandes et Réponses,

Sur les Contrats, Donations, Testamens, etc. ;

Avec des modèles d'Actes d'un style nouveau, mais remplissant le vœu du Code et de la Loi du 25 ventôse an XI, sur l'organisation du Notariat :

Ouvrage unique en ce genre, utile aux Notaires et principalement à ceux qui se destinent à cette profession, ainsi qu'aux pères de famille, etc......

PAR A. GOUX, Notaire à Agen, chef-lieu du Département de Lot-et-Garonne.

La simplicité est l'amie des Lois.

D A G U E S S E A U.

A AGEN,

DE L'IMPRIMERIE DE J. B. GRENIER.

1805.

PROSPECTUS. *

L'ᴇxᴇ́ᴄᴜᴛɪᴏɴ des lois qui changent le mode des dispositions de l'homme, et qui introduisent des formalités nouvelles, a constamment présenté des difficultés inséparables de la transition subite d'une législation à une autre.

La loi du code sur les testamens, qui a ajouté des formalités à celles que prescrivait l'ordonnance de 1735, en offre un exemple bien frappant. Qu'est-il résulté de cette innovation?.... Des actes de dernière volonté, irréguliers par l'omission de ces formes nouvelles, ont été annullés par des arrêts de plusieurs Cours d'appel, confirmés par la Cour de cassation.

L'étude des nouvelles lois est le seul moyen d'éviter les écueils que présente leur exé-

---

* On s'est déterminé à placer ici le *Prospectus*, par la seule raison qu'il contient le nom des personnes qui ont honoré l'ouvrage de leur approbation.

cution. Elle consiste, non-seulement à les lire, à les analyser, à les combiner, mais encore à pénétrer dans l'esprit du législateur, pour y trouver les motifs qui les ont provoquées.

Pour faciliter ce genre d'étude, qui n'est pas à la portée de tout le monde, un ouvrage élémentaire devient indispensable : avec un tel secours, les doutes cessent, les équivoques disparaissent, et les difficultés s'applanissent.

Un ouvrage de cette nature manquait au notariat ; car, ceux qui ont paru jusqu'à présent, sur cette partie si intéressante de la législation, ne conviennent qu'aux personnes déjà instruites.

Ce fut d'abord pour son besoin particulier que l'auteur composa l'ouvrage élémentaire qu'il annonce aujourd'hui ; puis il le destina à l'usage d'un jeune-homme confié à ses soins. Frappé des progrès rapides de son élève, il forma le projet, dans des vues d'utilité publique, de livrer son travail à l'impression. Mais avant d'exécuter une entreprise dont les suites sont souvent épineuses, et voulant se mettre en garde contre la prévention que tout auteur a pour son propre ouvrage, il prit la sage précaution de le soumettre aux lumières de plusieurs magistrats.

M.r B E R G O G N I É , président de la Cour d'appel, auteur de la *Table analytique et raisonnée des Arréts de la Cour de cassation*; M.r G A R R I C, juge; M.r M O U Y S S E T, procureur-général-impérial; M.r L A D R I X, avocat près la même Cour ; enfin , M.r M A R R A U D , ex-membre de la Cour de cassation, aujourd'hui procureur-général-impérial de la Cour criminelle de ce département, firent l'honneur à l'auteur de lire son ouvrage, avec cette sévérité dont des juges, en pareil cas, ne doivent jamais se départir.

Leur jugement fut uniforme.

Ils virent dans les demandes , des doutes présentés avec ordre, et dans les réponses, une solution claire et sans ambiguité. Ce mode, intelligible pour tous, leur parut propre à classer, aisément et sans embarras, dans l'esprit du lecteur, les principes théoriques de tout ce qui constitue le domaine du notariat.

Les modèles d'actes , écrits en termes techniques, conséquemment débarrassés d'une foule de mots insignifians ou synonymes, sans force, sans agrément, et don-

1...

nant souvent ouverture à des procès ruineux, leur parurent également contenir cette
réforme annoncée depuis si long-temps, mais
exécutée seulement à demi dans les ouvrages même les plus récens , malgré qu'elle
soit fortement commandée par les principes
de la langue, le bon goût et l'intérêt des
parties.

Ils reconnurent que l'ensemble formait un
recueil utile à MM. les notaires , pour les
aider à se familiariser avec le code ; indispensable aux jeunes-gens qui se destinent à
cette profession ; nécessaire aux pères de
famille et à ceux qui, lorsqu'ils contractent,
sont bien aises d'apprécier par eux-mêmes
l'étendue de leurs engagemens et la manière
dont leurs dispositions doivent être rédigées ;
et nécessaire enfin à MM. les maires et
adjoints qui, par-là, seront plus à portée de
donner des conseils à leurs concitoyens, ac-
coutumés en général à ne terminer aucune
affaire, au moins dans les communes ru-
rales, sans avoir auparvant consulté celui
qui les administre.

L'opinion de ces magistrats éclairés, qui
ont permis qu'on les nommât, a déterminé
l'auteur à livrer à l'impression un ouvrage
dont l'utilité est si évidemment démontrée.

INTRODUCTION.

C'est avec raison, sans doute, qu'en tous temps et en tous lieux, on s'est réuni à dire que les fonctions notariales sont les plus importantes et les plus délicates de la société. En effet, les notaires sont tout à la fois les dépositaires du secret des familles ; les détenteurs de leur fortune ; leurs conciliateurs ; leurs juges volontaires ; enfin, les rédacteurs impartiaux des lois qu'elles s'imposent. Telles sont leurs principales attributions : à ces titres, il n'est pas étonnant que le notariat, dont l'origine remonte à des époques très-reculées, n'ait des droits à une considération d'autant plus marquante, que l'estime et la reconnaissance publiques seront constamment la récompense de ceux qui, investis du titre de notaire, exerceront leur ministère avec la dignité, et sur-tout avec la délicatesse qu'il exige.

Mais, si d'un côté on convient que cette profession est une des plus honorables, d'un autre est-on forcé de dire, que ceux qui en remplissent les fonctions, doivent être des hommes instruits et moraux. Ces deux qualités, si impérieusement requises, ne peuvent aller l'une sans l'autre; car, le notaire qui ne posséderait que l'une d'elles, serait pour la société le plus grand des fléaux. L'instruction et la moralité doivent donc marcher de front. La première est un guide avec lequel on erre difficilement, soit dans les conseils que l'on donne, soit dans les actes que l'on rédige; la seconde est une sauve-garde qui garantit au public qu'il ne sera jamais trompé.

L'instruction si nécessaire à un notaire, se compose de la théorie des principes et de leur application. Leur concours est indispensable; cette vérité est d'autant plus certaine que, si dans cette partie, comme dans tant d'autres, on n'a que la théorie en partage, on n'est pas à l'abri de commettre des erreurs, lorsque l'on se hasarde à la mettre en pratique; comme aussi, si on n'est que praticien, on peut non seulement errer, mais encore on est hors d'état de raisonner et de se rendre compte de ce qu'on a pu faire; et dès-lors, esclave de l'habitude, on suit machinalement et sans savoir pourquoi, un chemin frayé, duquel on n'ose se dévier tant soit peu, dans la crainte de s'égarer.

Autrefois, et même de nos jours, cette vérité n'était peut-être pas assez sentie; car, certains de ceux qui se destinaient à cette profession, pensaient en acquérir la science en allant pendant plusieurs années dans l'étude d'un notaire, où leur unique occupation consistait à copier des actes, dont ils ne pouvaient apprécier ni le mérite, ni la combinaison des clauses, parcequ'on ne leur fournissait à cet égard aucune donnée suffisante. A force de transcrire, ils parvenaient, après un laps de temps considérable, à classer dans leur mémoire des formules gothiques surchargées de mots insignifians ou synonymes, et se croyant par là assez instruits, ils augmentaient le nombre des notaires, sans autres preuves de leur capacité que l'achat d'un office et un examen de pure formalité.

Il faut en convenir, cette marche et ce mode de réception, loin d'offrir un seul avantage, entraînaient presque toujours après eux une foule d'inconvéniens, dont il est inutile de faire le détail.

Aujourd'hui des abus de cette nature ne

se représenteront plus. Les lois nouvelles, en donnant au notariat la considération qu'il mérite à si juste titre, exigent de l'instruction, et les juges qu'elles ont placé pour veiller à l'exécution d'une disposition si sage, n'accorderont leur suffrage qu'après que le postulant aura donné des preuves non-équivoques de son savoir.

Comment pourra-t-il l'acquérir cette instruction si nécessaire ?.... Par l'étude des principes théoriques et par leur application.

Pour parvenir à connaître la théorie des contrats qui constituent le domaine du notariat, il ne suffit pas de lire et de relire les lois; il faut encore les comprendre, et sur-tout approfondir dans leurs dispositions les motifs qui les ont provoquées.

Ce genre d'étude n'est pas à la portée de tout le monde, notamment du jeune candidat, dont les facultés intellectuelles ne font qu'éclore. Outre les lois, il lui faut encore un conducteur, qui, semblable à celui que l'on prend dans des pays inconnus, lui montre à chaque instant des sentiers dont il ne se serait jamais douté.

Le besoin d'un guide a été de tous les temps senti. Des commentateurs lumineux avaient fourni, avant la révolution, des ouvrages sur le notariat, dans lesquels le mérite perçait de toutes parts. Aujourd'hui ces recueils si précieux ne peuvent être d'un grand secours ; les principes qui leur servaient de base, ne sont pas ceux sur lesquels le code civil repose.

Un nouveau mode de dispositions et de formalités, régit d'une manière uniforme le territoire de l'Empire français. Il n'en était pas de même autrefois : chaque province avait des lois et des coutumes différentes.

C'est donc dans ce nouveau code que l'aspirant doit puiser, pour son instruction théorique, les riches trésors qu'il contient ; et c'est pour le rendre heureux dans ses recherches, pour lui ménager la perte d'un temps précieux , pour lui applanir enfin des difficultés que son imagination trop peu exercée n'aurait pu vaincre, que l'auteur a traité dans cet ouvrage , par demandes et réponses , tout ce qui est du ressort du notariat.

Puisse, cette méthode, obtenir le but qu'on s'est proposé ; celui de classer dans l'esprit du candidat, avec ordre , les choses dans leurs rangs respectifs. On ose espérer ce résultat avec d'autant plus de raison, que chaque principe posé séparément, développé avec clarté et briéveté, ne sera pas noyé dans un certain nombre de pages d'inter-prétation, dans lesquelles l'aspirant, en les lisant, perd ordinairement de vue le prin-cipal et l'accessoire.

Après cette étude, il ne lui restera plus qu'à faire l'application des principes théo-riques dont il se sera bien pénétré. L'habitude des affaires, et sur-tout une heureuse rédac-tion, lui donneront les facilités d'y procéder avec succès.

Pendant des siècles, les actes notariés ont été surchargés d'un amas de mots in-signifians ou inutiles, et qu'un long usage avait respecté comme sacramentels, preuve constante d'une routine peu éclairée; et outre qu'elle était sans goût et sans agrément, cette manière de rédiger devenait le plus souvent une source inépuisable de contes-tations ruineuses.

Pourquoi entourer la convention des parties de cette longue série de mots super-flus? Pourquoi ne pas l'exprimer en termes techniques? Dira-t-on qu'un acte n'est pas un discours académique? D'accord: on sait que le sujet n'en présente pas les matériaux; mais, on sait aussi que chaque chose a son genre d'éloquence ; et dès-lors, pourquoi celle-là n'aurait-elle pas le sien ? D'ailleurs, tandis que le bon goût fait faire chaque jour aux belles-lettres et aux beaux-arts des progrès si éclatans, pourquoi cette partie n'en ferait-elle pas à son tour ? Sera-t-elle destinée à rester constamment dans son état d'imperfection ?

Mais, en élaguant du style ordinaire tout ce qui peut être surabondant, il est un excès contraire dans lequel il ne faut pas tomber ; celui d'une briéveté nuisible. Les deux extrêmes doivent donc être évités avec le plus grand soin.

La valeur des mots, la connaissance enfin de la langue française, est un préalable nécessaire. Alors, sûr des expressions qu'il emploira, le notaire, dans la rédaction d'un acte, ne se servira que des termes appropriés, qui rendront, sans les compromettre, les volontés des contractans. Cet avantage ne sera pas le seul qu'il en retirera ; il aura en outre celui d'être lu avec plaisir.

DIVISION DE L'OUVRAGE.

LE CHAPITRE I.er traitera ;

1.° *De la loi organique du notariat, du 25 ventôse an 11.*

2.° *Des contrats et obligations.*

CHAPITRE II.

1.° *Du prêt à usage.*

2.° *Du prêt de consommation.*

3.° *Du gage.*

4.° *Du dépôt.*

5.° *Du cautionnement.*

6.° *De la quittance.*

CHAPITRE III.

1.° *De la vente.*

2.° *De la faculté de rachat.*

3.° *De l'élection de command.*

4.° *De l'échange.*

5.º *Du transport.*

6.º *De la cession des biens.*

7.º *De l'antichrèse.*

8.º *Du Pignoratif.*

CHAPITRE IV.

1.º *Du bail à loyer.*

2.º *Du bail à ferme.*

3.º *Des baux à cheptel.*

4.º *Du bail à moitié fruits.*

5.º *Des devis et marchés.*

CHAPITRE V.

1.º *De la rente viagère.*

2.º *De la rente constituée.*

3.º *Du titre nouvel.*

4.º *De l'inscription hypothécaire et de sa radiation.*

5.º *De l'autorisation donnée par un mari à sa femme.*

CHAPITRE VI.

1.º *Du mandat.*

2.º *De la ratification.*

3.º *De l'acte de notoriété.*

4.º *De la résiliation.*

5.º *Du compromis.*

6.º *Des transactions.*

CHAPITRE VII.

1.º *De la société.*

2.º *Des lettres de change.*

3.º *Du brevet d'apprentissage.*

4.º *De l'arrêté des comptes.*

CHAPITRE VIII.

1.º *Du mariage.*

2.º *De l'acte respectueux et de sa notifi-cation.*

CHAPITRE IX.

1.º *De l'inventaire.*

2.º *Du partage.*

CHAPITRE X.

1.º *Des donations.*

2.º *Des testamens.*

MANUEL DU NOTAIRE.

CHAPITRE PREMIER

De la Loi du 25 ventôse an 11 , et des Contrats et Obligations.

Loi du 25. Ventôse an XI.

Des fonctions , ressort et devoirs des Notaires.

1 Qu'est-ce qu'un Notaire ?

C'est un fonctionnaire public établi pour recevoir les actes et contrats auxquels les parties doivent ou veulent faire donner le caractère d'authenticité attaché aux actes de l'autorité publique , et pour en assurer la date , en conserver le dépôt , en délivrer des grosses et expéditions. (Art. 1.er).

2. *Est il institué à vie?*

Oui. (Art. 2).

3. *Est-il tenu de prêter son ministère lorsqu'il en est requis ?*

L'article 3 lui en fait un devoir ; mais si des motifs particuliers le portent à s'en écarter , il est néanmoins tenu de déférer à l'injonction de l'autorité compétante , provoquée par les parties auxquelles il aurait refusé son ministère.

4. *Dans quel lieu et sous quelle peine le notaire doit-il résider ?*

Dans celui que lui aura fixé le Gouvernement , sous peine d'être considéré comme démissionnaire. (Art. 4).

5. *En combien de classes les notaires sont-ils divisés ?*

En trois : les notaires de la première sont ceux des villes où est établie une Cour d'appel : les notaires de la seconde sont ceux des villes où il n'y a qu'un tribunal de première instance : enfin , les notaires de la troisième sont ceux des autres communes. (Art. 5).

6. *Malgré cette division, les notaires peuvent-ils, comme autrefois, instrumenter dans tout le département de leur résidence ?*

Non : la loi, en divisant les notaires en trois classes, a limité à chacune d'elles l'étendue du ressort dans lequel, ceux qui la composent, peuvent exercer leurs fonctions.

Ainsi, ceux de la première, peuvent instrumenter dans toute l'étendue du ressort de la Cour d'appel ;

Ceux de la seconde, dans celui du tribunal de première instance ;

Et ceux de la troisième, dans celui du tribunal de paix. (Art. 5).

7. *Quelle est la peine qu'encourt le notaire qui instrumente hors de son ressort?*

Celle d'être suspendu de ses fonctions pendant trois mois; d'être destitué en cas de récidive, et de tous dommages et intéréts. (Art. 6).

8. *Quelles sont les fonctions incompatibles avec celles de notaire ?*

La loi les précise ainsi : celles de juges, procureurs-impériaux près les tribunaux, leurs substituts, greffiers, avoués, huissiers, préposés à la recette des contributions directes et indirectes, juges, greffiers et huissiers des justices de paix, commissaires de police et commissaires aux ventes. (Art. 7).

Des actes, de leur forme, des minutes, grosses, expéditions et répertoires.

9. *Un notaire peut-il recevoir des actes dans lesquels ses parens ou alliés seraient parties, ou qui contiendraient quelques dispositions en leur faveur ?*

Un notaire ne peut recevoir des actes dans lesquels ses parens ou alliés en ligne directe à tous les degrés, et en collatérale jusqu'au degré d'oncle ou de neveu inclusivement, seraient parties, ou qui contiendraient quelques dispositions en leur faveur. (Art. 8). Cette mesure du législateur est infiniment sage ; les motifs qui l'ont provoquée sont puisés dans l'affinité, qui peut souvent et malgré lui, faire incliner le fonctionnaire public vers les siens.

10. *La présence des témoins est-elle nécessaire dans un acte notarié ?*

Si l'acte est reçu par deux notaires elle n'est pas nécessaire ; mais il requiert celle de deux, s'il est retenu par un seul notaire. (Art. 9).

11. *Quelles sont les conditions que les témoins doivent réunir ?*

Il faut, 1.º être citoyen français ; 2.º savoir signer ; 3.º être domicilié dans l'arrondissement communal où l'acte est passé. (Même article). Et par arrondissement communal, on entend l'étendue du ressort du tribunal de première instance.

12. *Deux notaires parens entr'eux, peuvent-ils concourir au même acte?*

Ils ne le peuvent pas, si leur parenté est au degré prohibé dont on a déjà parlé à la 9.ᵉ réponse. (Art. 10).

13. *Un parent ou allié du notaire ou des parties contractantes, au degré prohibé, peut-il servir de témoin ?*

Non : l'empêchement dérive toujours des mêmes motifs. (Même article).

14. *En est-il de même de leurs clercs et serviteurs ?*

Oui : il y a même motifs, conséquemment même prohibition. (Même article).

15. *Est-il nécessaire que le notaire connaisse les parties ; et dans le cas contraire, quelle précaution doit-il prendre ?*

Oui, sans doute, le notaire doit connaître les personnes qui contractent devant lui ; d'abord, parce que la loi lui en fait un devoir, et ensuite, parce qu'on pourrait, sous des noms empruntés, consentir toute espèce d'engagemens; inconvéniens graves, que le législateur a sagement prévu; cependant, au moyen de deux personnes connues de lui, qui connaîtraient les parties, et qui attesteraient qu'elles sont telles qu'elles se disent, le notaire pourra, sans crainte, recevoir leurs engagemens; mais ces attestans doivent réunir les conditions requises pour les témoins instrumentaires. (Art. 11).

16. *L'acte doit-il énoncer les nom et lieu de résidence du notaire qui le reçoit?*

Oui : sous peine de cent francs d'amende. (Art. 12).

17. *Où doit être mise cette énonciation?*

Qu'elle soit placée à la tête ou à la fin, peu importe; on remplit toujours le vœu de la loi; mais la rédaction de l'acte exige qu'elle soit mise en débutant : de cette manière, le lecteur voit, tout de suite, le nom et la résidence du notaire.

18. *Les nom et demeure des témoins, le lieu, l'année et le jour où l'acte est passé, doivent-ils également être énoncés?*

Il n'y a pas de doute, sous peine de cent francs d'amende. (Art. 12).

19. *Cette énonciation doit - elle être*

placée au commencement ou à la fin?

La loi n'est pas impérative à cet égard, puisqu'elle a gardé le silence ; mais le bon goût doit déterminer le rédacteur à la placer à la fin.

20. *Peut-on laisser dans un acte des blancs, lacunes et intervalles?*

Non : et en se servant des mêmes expressions de la loi, on dira que l'acte doit être écrit *en un seul et même contexte, lisiblement, sans abréviation, blanc, lacune ni intervalle*, sous peine de cent francs d'amende. (Art. 13).

21. *D'après cette réponse, les alinéa sont-ils proscrits?*

Pour résoudre cette question, il suffit de prendre, dans sa véritable acception, chacune des expressions contenues dans la réponse précédente ; or, en faisant subir à chacune d'elles l'examen le plus sévère, on verra qu'*un seul et même contexte*, ne signifie autre chose, sinon que l'opération doit être clôturée sans divertir à d'autres actes. Telle est l'explication des mots *uno contextu*, qu'ont donnée les commentateurs de l'ordonnance de 1735, sur les testamens.

Les mots *lisiblement, sans abréviation*, n'ont pas besoin d'être commentés ; leur définition est à la portée de tout le monde.

Par celui de *blanc*, on ne peut entendre qu'un espace plus ou moins grand d'un mot à un autre, laissé à dessein pour le remplir ensuite par des mots dont on peut ne pas se rappeler dans le moment.

Par celui de *lacune*, en suivant la définition qu'en donne le dictionnaire de l'académie, il est évident que ce n'est que le vide qui se trouve dans le corps d'un ouvrage, et qui suspend la suite ou le sens d'une ou de plusieurs phrases.

Enfin, le mot *intervalle*, en suivant toujours la définition donnée par la même autorité, ne signifie qu'une distance laissée entre-lignes, beaucoup plus grande comparativement aux autres, et à la faveur de laquelle il serait facile d'ajouter à l'acte une disposition nouvelle.

Le législateur a prévu les suites funestes de ces divers cas, aussi les a-t-il prohibés ; mais son intention n'a pas été d'attaquer les *alinéa*, dès qu'il n'en a pas taxativement parlé..... Eh ! comment aurait-il pu se décider à les proscrire, puisqu'ils sont au discours, ce que les points et les virgules sont aux phrases et aux périodes. Rénoncer à l'usage des uns et des autres, serait re-

noncer en même-temps à la clarté des actes
dans lesquels on ne saurait apporter assez
de soin, pour éviter les inconvéniens qu'en-
traîneraient après elles des dispositions souvent diamétralement opposées, mais qui se
trouveraient tellement liées ensemble, sans
le secours des *alinéa*, qu'elles ne feraient
plus qu'un seul et même corps.

L'esprit du législateur, ni les expressions
de la loi, ne proscrivent donc pas les *alinéa*;
mais il est de la prudence du notaire de
remplir le reste de la ligne par un gros trait
de plume.

22. *L'acte doit-il contenir les nom, prénom, qualité et demeure des parties et des
témoins attestans?*

Oui : sous peine de cent francs d'amende.
(Art. 13).

23. *Comment doivent, dans un acte, être
énoncées les sommes et les dates?*

En toutes lettres. (Même article, même
peine). Sans cette précaution, elles pourraient être altérées.

24. *Les procurations doivent-elles être
annexées à l'acte passé en conséquence?*

L'affirmative n'est pas douteuse. (Même
article, même peine). Ce dépôt est une

garantie pour celui qui contracte avec un procureur - fondé.

25. *L'acte doit-il être lu aux parties?*

Il est naturel que les parties soient mises à portée de connaître par elles mêmes, si le rédacteur de leurs volontés les a exprimées selon leur vœu. La lecture peut seule leur donner cette facilité. Elle est donc indispensable aux termes du même article et sous la même peine.

26. *Doit-on, dans l'acte, mentionner cette lecture ?*

Non-seulement l'acte doit être lu aux parties, mais il faut encore que la preuve de cette lecture résulte de l'acte; il faut donc que le notaire en fasse mention. (Même article et même peine).

27. *Où doit être placée cette mention?*

Il est indifférent qu'elle soit placée avant le *Fait à.....* ou à la fin.

28. *Par qui l'acte doit-il être signé?*

Par les parties, les témoins et le notaire, (Art. 14).

29. *Le notaire doit-il, à la fin de l'acte, mentionner les signatures ?*

Il ne suffit pas que les parties, les témoins et le notaire signent; il faut encore qu'à la fin de l'acte, le notaire fasse mention des signataires. (Même article).

3o. *Quelle précaution doit prendre le notaire, si une ou plusieurs parties ne savent signer?*

Si les contractans ne peuvent ou ne savent signer, le notaire doit faire mention à la fin de l'acte, de leurs déclarations à cet égard. (Même article).

31. *Où doivent être placés les renvois et apostilles?*

Si un ou plusieurs mots échappés au rédacteur, sont l'objet du renvoi, il doit être écrit en marge; mais s'il s'agit d'une disposition nouvelle, il faut alors la placer à la fin. (Art. 15).

Quoique l'article 15 n'explique pas ce que la loi entend par un renvoi court et un renvoi long, cependant il est prudent de l'interpréter ainsi, et de porter toujours à la fin la disposition nouvelle ou le renvoi long.

32. *Pour que le renvoi placé en marge ne soit pas nul, que faut-il faire?*

Il faut qu'il soit signé ou paraphé par le notaire et les autres signataires. (Art. 15).

33. *En est-il de même pour les renvois mis à la fin?*

Ceux-ci doivent être non-seulement

signés ou paraphés comme les précédens ;
mais encore expressément approuvés par
les parties. (Même article).

34. *Les mots surchargés, ajoutés ou interlignés, sont-ils nuls ?*

La loi les considère tels. (Art. 16).

35. *Quelle est la marche à tenir à l'égad
des mots rayés ?*

Il n'y en a qu'une : elle consiste à les
rayer de manière que le nombre puisse en
être constaté à la marge de la page correspondante, ou à la fin de l'acte, et à les ap-
prouver comme les renvois écrits en marge ;
et ce, à peine de cinquante francs d'amende
contre le notaire, ainsi que de tous dépens,
dommages et intérêts, même de destitution
en cas de fraude. (Même article).

36. *Le notaire peut-il, dans un acte,
insérer des noms et qualifications, des
clauses et expressions féodales ?*

Il ne le peut pas sans encourir une amende
de cent francs, qui serait double en cas de
récidive (Art. 17).

37. *Le notaire, dans la rédaction d'un
acte, doit-il se conformer à l'annuaire de
la république et aux nouveaux poids et
mesures ?*

Cette question, pour être résolue avec

précision, exige un certain développement.

Aux termes de l'article 17, l'annuaire de la république doit être observé sous peine de cent francs d'amende, et du double en cas de récidive ; mais cette disposition ne doit être exécutée que jusqu'au 1.er nivôse an 14, d'après le Sénatusconsulte, du 22 fructidor an 13, portant , qu'à compter du 1.er janvier 1806, le calendrier Grégorien sera mis en usage dans tout l'Empire français.

Il n'en est pas de même des nouveaux poids et mesures non - abrogés, et auxquels on doit se conformer sous peine de cent francs d'amende, et du double en cas de récidive. (Art. 17).

38. *Le notaire est - il tenu de garder minute de tous les actes qu'il reçoit ?*

La loi le lui ordonne; à l'exception néanmoins des certificats de vie, procurations, actes de notoriété , quittances de fermages , de loyers , de salaires , arrérages de pensions et rentes, et autres actes simples qu'on peut délivrer en brevet. (Art. 20).

39. *Qui a le droit de délivrer des grosses et expéditions ?*

Ce droit n'appartient qu'au notaire, possesseur de la minute ; cependant tout notaire peut délivrer copie d'un acte qui lui aura été déposé pour minute. (Art. 21).

40. *Le notaire peut-il se dessaisir d'une minute ?*

Non : à moins que ce ne soit en vertu d'un jugement. (Art. 22).

41. *Avant de s'en dessaisir, quelles précautions doit-il prendre ?*

Il doit en dresser et signer une copie figurée, qui, après avoir été certifiée par le président et le procureur-impérial du tribunal civil de sa résidence, sera substituée à la minute, dont elle tiendra lieu jusqu'à sa réintégration. (Même article).

42. *Un notaire peut-il délivrer expédition, ou donner connaissance des actes, à d'autres qu'aux personnes intéressées en nom direct, héritiers ou ayant droit ?*

A moins qu'il n'y ait été autorisé par ordonnance du président du tribunal de première instance, il ne le peut pas, sous peine de cent francs d'amende, et d'être suspendu de ses fonctions pendant trois mois, en cas de récidive ; sauf néanmoins l'exécution des lois et règlemens sur le droit d'enregistrement, et celles relatives aux actes qui doivent être publiés dans les tribunaux. (Art. 23).

43. *Qu'est-ce qu'une expédition ?*

C'est la copie de l'acte.

44. *Qu'est-ce qu'une grosse ; en quoi consiste la forme exécutoire ?*

C'est également la copie de l'acte, revêtue de la forme exécutoire, qui émane de l'autorité suprême. Et sans entrer dans le détail des divers changemens que cette forme a subi jusqu'à présent, on se bornera à dire qu'elle consiste aujourd'hui à mettre en tête de l'acte ;

NAPOLÉON, *par la grâce de Dieu et les Constitutions de la République,* EMPEREUR DES FRANÇAIS : Salut. *Faisons savoir que....*

Et immédiatement avant le *Fait à....,*

MANDONS ET ORDONNONS *à tous huissiers, sur ce requis, de mettre ces présentes à exécution ; à nos procureurs-généraux et à nos procureurs-impériaux près les tribunaux de première instance d'y tenir la main ; et à tous commandans et officiers de la force publique d'y prêter main-forte lorsqu'ils en seront légalement requis ; en foi de quoi nous avons fait sceller ces présentes.*

45. *A qui le notaire doit-il délivrer la grosse d'un acte ?*

Aux parties intéressées. (Art. 26).

46. Lorsqu'il l'a délivrée, quelle précaution doit-il prendre ?

Il doit en faire mention sur la minute. (Même article).

47. Peut-il délivrer une seconde grosse ?

Le notaire ne peut, sans encourir la destitution, délivrer une seconde grosse, à moins qu'il n'y soit autorisé par une ordonnance du président du tribunal de première instance, laquelle doit demeurer annexée à la minute. (Même article).

48. En est-il de même d'une expédition ?

Non : un notaire peut délivrer plusieurs expéditions, n'importe le nombre, sans avoir besoin pour cela de l'ordonnance requise pour la délivrance d'une seconde grosse.

49. Le notaire est-il tenu d'avoir un cachet ?

Oui : ce cachet doit porter ses nom, qualité et résidence ; et, d'après un modèle uniforme, le type de la République française.

Les grosses et expéditions en porteront l'empreinte. (Art. 27).

50. Lorsqu'un notaire retient un acte pour des personnes sujettes à la patente, et qui traitent pour des objets relatifs à

leur

leur commerce, ou à leur profession, quelle précaution doit-il prendre ?

Il doit mentionner leur patente, avec désignation de la classe, du n.º, de la date, et de la commune où elle aura été délivrée, sous peine de 500 fr. d'amende. (Art 37 de la loi du 1.er brumaire an 7).

51. *Quelle précaution doit prendre encore le notaire, lorsqu'il cite dans un acte une convention rédigée par acte notarié ?*

Il doit, en faisant cette citation, mentionner la date de l'acte, le nom du notaire qui l'a retenu, et le lieu où il a été enregistré. (Art. 41, n.º 120 de la loi du 22 frimaire an 7).

Il en est de même des écrits sous seing-privé, des jugemens ou actes judiciaires. (Art. 42, n.º 123 de la même loi).

Le tout sous peine de 50 fr. d'amende.

52. *Un notaire peut-il recevoir en dépôt, délivrer des extraits ou expéditions d'un acte, s'il n'a été préalablement enregistré ?*

Non. (Même article, sous la même peine).

53. *Qui doit légaliser les actes des notaires ?*

La légalisation doit être faite par le président du tribunal de première instance de la résidence du notaire, ou du lieu où sera

délivré l'acte ou l'expédition. Elle est nécessaire aux notaires de première classe,
lorsqu'on doit se servir de leurs actes hors
du ressort de Cour d'appel ; et à ceux de la
seconde et de la troisème, lorsqu'on doit
se servir de leurs actes hors de leurs dépar-
temens. (Art. 28).

54. *Le notaire est-il tenu d'avoir un
répertoire ?*

S'il est une disposition sage, c'est bien
sans contredit celle qui assujettit les notaires
à avoir un répertoire ; dès-lors, plus de
soustraction , puisqu'ils sont tenus , aux termes de la loi, d'y inscrire leurs actes, en
même-temps qu'ils les reçoivent, et de la
manière dont il sera dit tout - à - l'heure.
(Art. 29).

55 *Par qui doit-il être visé et paraphé;
que doit-il contenir ?*

Ce répertoire doit être visé et paraphé par
le président du tribunal civil de l'arrondissement.

Aux termes de l'article 30, il ne devrait
contenir, 1.º que la date de l'acte ; 2.º sa
nature et son espèce ; 3.º le nom des parties;
4.º la relation de l'enregistrement.

Mais cette marche, d'après des instruc-
tions ministérielles , adressées aux receveurs

de l'enregistrement, ne doit point être suivie, et le répertoire doit être fait conformément à l'article 140 de la loi du 22 frimaire an 7, c'est-à-dire, qu'il doit être à colonnes et qu'il doit contenir, 1.º le numéro; 2.º la date de l'acte; 3.º sa nature; 4.º les noms et prénoms des parties et leurs domiciles; 5.º l'indication des biens, leur situation et le prix, lorsqu'il s'agira d'actes qui auront pour objet la propriété, l'usufruit ou la jouissance de biens-fonds; 6.º la relation de l'enregistrement.

56. *A quelles époques doit-il être visé par le receveur de l'enregistrement ?*

Le notaire est tenu de présenter son répertoire, au receveur de l'enregistrement, tous les trois mois, sous peine de dix francs d'amende par chaque dix jours de retard. (Art. 141, loi du 22 frimaire an 7).

57. *Où doit-on en déposer le double ?*

Le double du répertoire doit être déposé, dans les deux premiers mois de chaque année, au greffe du tribunal de première instance de la résidence du notaire, sous peine de cent francs d'amende par chaque mois de retard. (Art. 18 de la loi du 6 octobre 1791).

58. *Quels sont les cas particuliers dans*

3..

lesquels la loi du 25 ventôse an 11 annulle les actes notariés ?

La loi frappe de nullité, 1.º les actes retenus par des notaires hors de leurs ressorts ; 2.º ceux où les parens ou alliés, au degré prohibé, du notaire, seraient parties, ou qui contiendraient quelques dispositions en leur faveur ; 3.º ceux qui ne seraiènt pas reçus par deux notaires, ou par un notaire assisté de deux témoins ; 4.º ceux qui seraient reçus par deux notaires parens ou alliés au degré prohibé, de même que ceux dans lesquels les parens ou alliés, soit du notaire ou des parties contractantes, au degré prohibé, leurs clercs et serviteurs seraient pris pour temoins ; 5.º ceux qui ne seraient pas signés tant par les notaires, les témoins, que par les parties sachant signer, desquelles signatures les actes doivent faire mention, ou qui ne contiendraient pas la déclaration de ne savoir ou de ne pouvoir, de la part de celles qui ne sauraient ou ne pourraient signer ; 6.º ceux délivrés en brevet, et dont la loi impose cependant aux notaires le devoir d'en garder minute ; 7.º ceux qui seraient reçus par des notaires suspendus, destitués ou remplacés.

Tous les actes ci-dessus mentionnés

seront nuls, à moins qu'ils ne soient revêtus de la signature de toutes les parties, alors ils ne vaudront que comme écrits sous seing-privé. (Art. 68).

Nota. On a cru inutile d'analyser la loi du 25 ventôse an 11, en ce qu'elle concerne, 1.º le nombre, placement et cautionnement des notaires; 2.º les conditions pour être admis, et mode de nomination au notariat; 5.º les chambres de discipline; 4.º enfin, la garde, transmission, table des minutes et recouvremens, parce que les articles qui contiennent ces diverses matières, ne présentent aucun doute; le lecteur pourra donc avoir recours à cette loi : il la trouvera imprimée tout au long, à la fin de cet ouvrage, ainsi que l'arrêté du 2 nivôse an 12, sur l'organisation des chambres de discipline.

Comme aussi, on a cru inutile de s'occuper des délais fixés pour l'enregistrement des actes notariés, parce que depuis que la loi du 22 frimaire an 7 est en vigueur, on n'est pas à savoir, qu'aux termes de l'art. 20, numéros 63 et 64, les notaires résidans dans la commune où le bureau d'enregistrement est établi, n'ont que dix jours, tandis que ceux qui n'y résident pas, en ont quinze.

Des contrats et obligations.

59. *Qu'est-ce qu'un contrat?*

Le contrat est une convention par laquelle une ou plusieurs personnes s'obligent envers une ou plusieurs autres, à donner, à faire ou à ne pas faire quelque chose. (Art. 1101 du code civil).

60. *Acte et contrat signifient-ils la même chose ?*

Quoique ces deux expressions soient généralement prises l'une pour l'autre, il y a cependant entr'elles une différence sensible. On vient de dire ce que c'était qu'un contrat ; il ne reste plus qu'à donner la définition du mot *acte*, qui, correspondant au mot latin *instrumentum*, exprime uniquement la rédaction faite par le notaire, de la volonté ou déclaration d'un seul, ou de la convention de plusieurs.

De là, le lecteur conclura aisément que les mots *acte* et *contrat* ne sont point synonymes.

61. *Combien le code distingue-t-il d'espèces de contrats ?*

Autrefois le droit romain distinguait deux espèces de contrats ; les contrats nommés et les contrats innommés. Le code n'a point suivi cette division ; mais, parmi la foule incalculable de contrats, il en a particulièrement distingué six.

1.° Le contrat *Synallagmatique* ou *bilatéral*.

2.° Le contrat *unilatéral*.

3.º Le contrat *commutatif*.

4.º Le contrat *aléatoire*.

5.º Le contrat de *bienfaisance*.

6.º Enfin, le contrat à titre *onéreux*.

62. *Qu'est-ce qu'un contrat synallagmatique ou bilatéral ?*

Les mots *synallagmatique* et *bilatéral* sont synonymes; l'un et l'autre signifient *réciprocité*. Un contrat est donc *synallagmatique* ou *bilatéral*, lorsque les contractans s'obligent réciproquement les uns envers les autres (Art. 1102).

E x e m p l e : Un négociant s'oblige à prendre chez lui un élève, pour lui enseigner le commerce; ce dernier ou ceux qui le représentent, s'engagent, de leur côté, à compter au premier, une certaine somme au bout de trois ans.

Cette convention est *synallagmatique*, puisqu'elle oblige l'une des parties à faire, et l'autre à payer.

63. *Qu'est-ce qu'un contrat unilatéral ?*

Le mot *unilatéral*, pris dans son acception, signifie *d'un seul côté* ; le contrat est donc *unilatéral*, lorsqu'une ou plusieurs personnes sont obligées envers une ou plusieurs autres, sans que de la part de ces dernières il y ait d'engagement. (Art. 1103).

3....

Exemple : Une personne prête 10,000 fr. à une autre ; celle-ci s'engage à lui en payer un intérêt déterminé, et à faire la remise de la somme principale dans le délai de deux ans.

Cette convention est *unilatérale*, puisqu'elle n'engage que le débiteur.

64. *Qu'est-ce qu'un contrat commutatif?*

Le mot *commutatif* dérive du verbe latin *commutare*, qui signifie *troquer, échanger,* etc.... Ainsi, un contrat est *commutatif,* lorsque chacune des parties s'engage à donner ou à faire une chose qui est regardée comme l'équivalent de ce qu'on lui donne ou de ce qu'on fait pour elle. (Art. 1104).

Exemple : Pierre donne en échange une maison à Jean, qui, à son tour, donne à Pierre une pièce de terre.

Ce contrat est *commutatif*, puisqu'il y a échange d'objets.

65. *Qu'est-ce qu'un contrat aléatoire?*

Le mot *aléatoire* dérive également du latin ; il signifie *hasard, péril, risque, danger,* etc... Ainsi, le contrat *aléatoire* est une convention réciproque dont les effets, quant aux avantages et aux pertes, soit pour toutes les parties, soit pour l'une ou plusieurs d'entr'elles, dépendent d'un événement incertain. (Art. 1964).

Exemple : Six personnes mettent chacune 1,000 francs et conviennent que le total de ces sommes réunies, appartiendra à celle qui survivra aux cinq autres.

Ce contrat, dont le résultat est incertain pour tous ceux qui y figurent, est *aléatoire.*

66. *Qu'est-ce qu'un contrat de bienfaisance ?*

Le mot *bienfaisance* comporte avec lui la définition de *donner* ou de *faire* quelque chose à *titre gratuit.* Le contrat de *bienfaisance* est donc celui dans lequel l'une des parties procure à l'autre un avantage purement gratuit. (Art. 1105).

Exemple : Gabriel prête à Louis sa voiture et ses chevaux pour faire le voyage de Rouen à Paris.

C'est un contrat de *bienfaisance*, puisque le prêt fait à Louis est gratuit.

67. *Qu'est-ce qu'un contrat à titre onéreux ?*

Le contrat à titre *onéreux* est celui qui assujettit chacune des parties à donner ou à faire quelque chose. (Art. 1106).

Exemple : Pierre vend à Thomas un pré moyennant 1,500 francs.

Ce contrat est *onéreux*, puisqu'il assujettit

l'un des contractans à payer, et l'autre à livrer.

68. *Qu'entend-on par clause ?*

La clause est un pacte particulier et accessoire, apposée dans un contrat, à la suite d'une disposition générale, dont l'utilité sert à expliquer, à augmenter ou à affaiblir la convention dont elle dépend.

69. *Qu'entend-on par condition ?*

La condition est une clause qui suspend momentanément l'exécution du contrat, lequel n'a d'effet que lorsque la condition est accomplie ; son essence est de dépendre d'un événement futur.

70. *Qu'entend-on par charge ?*

La charge est une clause onéreuse pour l'un des contractans.

71. *Quelles sont les conditions requises pour la validité d'une convention ?*

Il y en a quatre, 1.º le consentement de la partie qui s'oblige ; 2.º sa capacité ; 3.º un objet certain , qui forme la matière de l'engagement ; 4.º une cause licite dans l'obligation. (Art. 1108).

72. *Qu'est-ce que le consentement ?*

Le consentement consiste dans l'expression libre et spontanée de la volonté de l'homme.

73. *Quelles sont les personnes qui ont la capacité de contracter?*

Toute personne peut contracter, si elle n'en est pas déclarée incapable par la loi. (Art. 1123).

74. *Quels sont les incapables?*

Les mineurs, les interdits, les femmes mariées, dans les cas exprimés par la loi; et généralement tous ceux auxquels la loi interdit certains contrats. (Art. 1124).

75. *D'après cette réponse, la femme mariée ne peut donc pas contracter légalement?*

Non : à moins qu'elle n'y soit autorisée par son mari, ou à son refus par la justice. (Art. 217, 219). Sont néanmoins exceptées les marchandes publiques qui peuvent s'obliger pour ce qui concerne leur négoce. (Art. 220). Cependant, si à défaut de l'autorisation requise, la femme contracte, la nullité résultant du défaut d'autorisation ne peut être opposée que par elle, son mari ou leurs héritiers. (Art. 225); et non par ceux qui auraient contracté avec elle. Il en est de même à l'égard du mineur, qui contracte sans le consentement de son tuteur.

76. *Quels sont les objets certains qui peuvent faire la matière de l'engagement?*

Il n'y a que les choses qui sont dans le commerce. (Art. 1128).

77. *Qu'est-ce que la cause ?*

La cause signifie la raison pour laquelle un contractant s'oblige envers un autre ; il faut qu'elle soit licite pour valider l'obligation ; et elle est illicite, quand elle est prohibée par la loi, ou lorsqu'elle est contraire aux bonnes mœurs et à l'ordre public. (Art. 1133).

78. *Qu'est-ce qu'une obligation ?*

L'obligation est un lien de droit par lequel on est obligé à faire ou à donner quelque chose à quelqu'un.

79. *Y a-t-il plusieurs espèces d'obligations ?*

Il y a, 1.º l'obligation conditionnelle ; 2.º l'obligation à terme ; 3.º l'obligation alternative ; 4.º l'obligation solidaire.

80. *Qu'est-ce qu'une obligation conditionnelle ?*

L'obligation est conditionnelle lorsqu'on la fait dépendre d'un événement futur et incertain, soit en la suspendant jusqu'à ce que l'événement arrive, soit en la résiliant selon que l'événement arrivera ou n'arrivera pas. (Art. 1168).

EXEMPLE : Pierre s'oblige à payer à Gabriel la somme de 1,000 francs, dans le cas qu'il vienne à acheter un objet de 20,000 francs, au moins.

81. *Y a-t-il plusieurs espèces de conditions ?*

La condition apposée dans une obligation peut être, 1.º suspensive ; 2.º casuelle; 3.º potestative; 4.º mixte; 5.º résolutoire.

82. *Qu'est-ce qu'une condition suspensive ?*

C'est celle qui dépend ou d'un événement futur et incertain, ou d'un événement actuellement arrivé, mais encore ignoré des parties. (Art. 1181).

EXEMPLE : Louis s'oblige à payer à Gabriel 1,000 francs, si Jean achète la maison de....

83. *Qu'est-ce qu'une condition casuelle?*

C'est celle qui dépend du hasard, et qui n'est nullement au pouvoir du créancier ni du débiteur. (Art. 1169).

EXEMPLE : Guillaume s'oblige à faire un cadeau à sa nièce, si son navire, parti de Brest, revient de l'Amérique à bon port.

84. *Qu'est-ce qu'une condition potestative ?*

C'est celle qui fait dépendre l'exécution de la convention d'un événement qu'il est au pouvoir de l'une ou de l'autre des parties

contractantes de faire arriver ou d'empécher.
(Art. 1170).

EXEMPLE : Barthelemy s'oblige à compter
1,500 francs à Maurice , si celui - ci fait,
dans tout le mois de messidor , le voyage de
Paris.

85. *Qu'est - ce qu'une condition mixte?*

C'est celle qui dépend tout à la fois de
la volonté d'une des parties contractantes
et de la volonté d'un tiers. (Art. 1171).

EXEMPLE : Martin s'oblige à compter
à Benoît 3,000 francs, si celui - ci achète la
maison d'Etienne.

86. *Qu'est - ce qu'une condition résolutoire?*

C'est celle qui , lorsqu'elle s'accomplit,
opère la révocation de l'obligation , et qui
remet les choses au même état que si l'obligation n'avait pas existé. (Art. 1183).

EXEMPLE : Isidore vend à Emmanuel
une maison , mais il se réserve de pouvoir
la racheter dans l'espace de deux ans.

87. *Qu'est-ce qu'une obligation à terme?*

Le terme diffère de la condition , en ce
qu'il ne suspend pas l'engagement dont il
retarde seulement l'exécution. (Art. 1185).

EXEMPLE : Frédéric s'oblige à payer à
Médéric 2,000 francs, dans le délai de trois
ans.

88. *Qu'est-ce qu'une obligation alternative?*

L'obligation alternative est celle dans laquelle le débiteur stipule qu'il lui sera
loisible, à l'échéance de sa dette, d'acquitter
son créancier, en lui donnant tel ou tel
objet, l'un et l'autre désignés dans le contrat.
(Art. 1189).

E x e m p l e : Édouard doit à Antoine
10,000 f. ; il s'oblige ou à les lui rembourser
dans deux ans, ou à lui donner en paiement
sa maison de.....

89. *Qu'est-ce qu'une obligation solidaire?*

Il y a solidarité de la part des débiteurs,
lorsqu'ils sont obligés à une même chose,
de manière que chacun puisse être contraint
pour la totalité, et que le paiement fait par
un seul, libère les autres envers le créancier.
(Art. 1200).

E x e m p l e : Pierre et Jean s'obligent,
solidairement, à payer à Joseph la somme
de....., dans un an.

90. *La solidarité se présume-t-elle?*

Non : il faut qu'elle soit expressément
stipulée (Art. 1202).

91. *Qu'entend-on par bénéfice de division?*

Le bénéfice de division est celui par lequel

une obligation, qui n'est pas stipulée solidaire, est divisée entre les débiteurs.

E x e m p l e : Quatre personnes emprun-
tent 6,000 francs et promettent de les rembourser daus un an. A l'expiration de ce
délai, l'obligation sera divisée, et chacune
d'elles ne sera tenue que du paiement
de 1,500 francs.

92. *Qu'entend - on par bénéfice de discussion ?*

Le bénéfice de discussion est celui qui
donne au fidéjusseur le droit de faire discuter
le principal débiteur, avant d'être recherché
lui-même pour le paiement dont il se sera
rendu caution. Cette définition a paru si
claire, qu'on n'a pas cru nécessaire d'en
présenter un exemple au lecteur.

93. *Quels sont les mots nécessaires pour
établir la solidarité ?*

Cette question a été long-temps contro-
versée. Certains auteurs ont prétendu que
les mots *solidairement, un seul pour le tout,*
suffisaient, et que la renonciation aux
bénéfices de division et discussion, était
plutôt une clause de style que d'utilité.
D'autres, au contraire, ont prétendu que
cette renonciation était de rigueur.

Il ne nous appartiendrait pas de décider

la

la difficulté, et nous ne nous y serions pas hasardés, si l'article 2021 ne nous y eût autorisé. Nous dirons donc avec le code, que le mot, *solidairement*, suffit pour établir la solidarité, laquelle se trouve également établie par la seule renonciation aux bénéfices dont on vient de parler. D'où il est aisé de conclure que ces deux manières sont synonymes, puisque par l'une, comme par l'autre, on atteint le même but.

94. *Qu'est ce qu'une clause pénale ; peut-on l'insérer dans un acte ?*

La clause pénale est celle par laquelle une personne, pour assurer l'exécution d'une convention, s'engage à quelque chose, en cas d'inexécution. (Art. 1226). Elle peut être insérée dans un acte, puisqu'elle est la compensation des dommages et intérêts, que le créancier souffre de l'inexécution de l'obligation principale. (Art. 1229).

95. *De quelles manières s'éteignent les obligations ?*

1.º Par le paiement.

2.º Par la novation.

3.º Par la remise volontaire.

4.º Par la compensation.

5.º Par la confusion.

6.º Par la perte de la chose.

7.º Par la nullité ou la réscision.

8.º Par l'effet de la condition résolutoire.

9.º Enfin, par la prescription. (Art. 1234):

96. *Comment s'opère le paiement ?*

Par le remboursement du montant de la dette. (Art. 1235).

97. *Comment s'opère la novation ?*

De trois manières, 1.º lorsque le débiteur contracte envers son créancier une nouvelle dette qui est substituée à l'ancienne, laquelle est éteinte.

2.º Lorsqu'un nouveau débiteur est substitué à l'ancien, qui est déchargé par le créancier.

3.º Enfin, lorsque par l'effet d'un nouvel engagement, un nouveau créancier est substitué à l'ancien, envers lequel le débiteur se trouve déchargé. (Art. 1271).

98. *Qu'est-ce que la remise volontaire?*

La remise volontaire consiste dans la délivrance du titre constitutif de la dette que le créancier fait à son débiteur. (Article 1282).

99. *Comment s'opère la compensation?*

Lorsque deux personnes se trouvent débitrices l'une envers l'autre , il s'opère entr'elles une compensation qui éteint ab-

solument les deux dettes , si elles sont égales
ou à concurrence de la plus foible. (Article 1289).

100. *Comment s'opère la confusion ?*

Lorsque les qualités de créancier et de
débiteur se réunissent dans la même personne , il se fait une confusion de droit qui
éteint les deux créances. (Art. 1300).

EXEMPLE : Un créancier devient héritier
de son débiteur.

101. *Comment s'opère l'extinction de
l'obligation par la perte de la chose ?*

Par la perte de ce qui faisait la matière
de l'obligation, pourvu que ce ne soit pas
par la faute du débiteur et avant qu'il n'ait
été mis en demeure. (Art. 1302).

102. *Comment s'opère la nullité ou
rescision ?*

La solution de cette question est susceptible d'un trop grand détail , pour présenter
au lecteur tous les cas où une obligation
peut être rescindée. On va se borner à un
exemple :

Pierre vend à Thomas un objet quelconque, pour 4,000 francs, tandis qu'il en
vaut douze.

Ce contrat peut être rescindé , parce que

le vendeur peut se prévaloir de la lésion établie par la loi. (Voyez la 204 réponse).

103. *Comment s'opère l'extinction de l'obligation, par la condition résolutoire?*

On renvoit le lecteur à la 86 réponse.

104. *Qu'est-ce que la prescription?*

La prescription est un laps de temps fixé par la loi, après lequel les obligations s'éteignent. Ce laps de temps varie selon la nature des choses. Par exemple : Une rente est prescrite après trente ans , lorsque le titre qui la constitue , n'est point renouvellé. (Art. 2262).

Les loyers des maisons se prescrivent par cinq ans, etc. , etc. (Art. 2277).

CHAPITRE II.

Du Prêt à Usage, du Prêt de Consommation, du Gage, du Dépôt, du Cautionnement, de la Quittance.

Du Prêt.

105. *Combien y a-t-il de sortes de prêt ?*
Il y en a deux, le prêt à usage ou commodat, et le prêt de consommation ou simplement prêt. (Art. 1874).

Du Prêt à Usage.

106. *Qu'est-ce que le prêt à usage, et quels sont les objets qui peuvent faire la matière de ce contrat ?*
Le prêt à usage ou commodat, est un contrat par lequel l'une des parties livre une chose à l'autre pour s'en servir, à la charge de la rendre après s'en être servi. (Art. 1875).

4...

Tout ce qui est dans le commerce et qui ne se consomme pas par l'usage, peut en faire la matière. (Art. 1878).

107. *Ce contrat est-il essentiellement gratuit ?*

Oui : (Article 1876). S'il en était autrement, le prêt à usage changerait de nature, et il serait assimilé au bail à loyer.

108. *Quelles sont les obligations de l'emprunteur ?*

1.º Il est tenu de veiller à la conservation de la chose comme si elle lui appartenait; il ne peut s'en servir qu'en l'employant à l'usage déterminé par sa nature ou par la convention, sous peine de tous dépens, dommages et intérêts. (Art. 1880).

2.º Il est responsable de la perte arrivée, même par cas fortuit, si la chose empruntée est employée à un autre usage ou pour un temps plus long. (Art. 1881).

3.º Si la chose prêtée a été estimée, alors l'emprunteur, à moins de stipulation contraire, est encore tenu de la perte qui arrive, même par cas fortuit (Art. 1883) ; tandis que la détérioration de la chose est à la charge du prêteur, lorsqu'elle est occasionnée par l'usage pour lequel elle a été em-pruntée. (Art. 1884).

109. *L'emprunteur peut-il, dans le cas qu'il ait fait des dépenses à la chose, les répéter ?*

Si l'emprunteur a fait ces dépenses pour en user, il ne peut pas les répéter; mais si au contraire elles ont été nécessitées pour sa conservation, alors le prêteur doit lui en faire compte. (Art. 1886 -- 1890).

110. *Si plusieurs ont conjointement emprunté, sont-ils tous solidairement responsables envers le prêteur ?*

Aux termes de l'art. 1887, l'affirmative ne peut être douteuse.

111. *Le prêteur peut-il retirer la chose avant le terme convenu ?*

Dès qu'il y a un terme fixé pour la remise de la chose, le prêteur ne peut, avant l'expiration du délai, exiger qu'elle lui soit rendue. (Art. 1888).

112. *Dans le cas qu'il n'y ait point de temps fixé pour la remise, à quelle époque doit-elle être faite ?*

Après qu'elle a servi à l'usage pour lequel elle a été empruntée. (Art. 1888).

F O R M U L E

Du Prêt à Usage, ou Commodat.

ESPÈCE.

Une personne prête sa voiture à une autre, pour aller à Bordeaux , à la charge de la remettre dans le délai d'un mois.

PAR-DEVANT (prénom , nom du notaire , sa résidence), et en présence des témoins ci-après nommés ;

A comparu Jean Argenteuil , négociant, demeurant dans la ville de...., rue...., n.º...

Lequel a prêté au sieur Martin , négociant, habitant de la même ville , ici présent et acceptant, pour faire le voyage de Bordeaux ;

Une voiture à quatre places , peinte en jaune, et doublée de casimir verd, avec ses glaces , stores et jalousies , estimée valoir douze cents francs ;

S'est obligé l'emprunteur à en faire la remise dans le délai d'un mois, à dater d'aujourd'hui ; les détériorations légalement constatées par des experts nommés par les parties, seront à sa charge, et il sera tenu d'en payer le montant au prêteur.

Dont acte lu aux parties.

Fait à....... le...... etc., en présence des sieurs Joseph Limaus et Jean - Marie, négo-cians, demeurans à....., qui ont signé avec les comparans et nous notaire.

Prêt de Consommation.

113. *Qu'est-ce que le prêt de consom-mation ?*

Le prêt de consommation est un contrat par lequel l'une des parties livre à l'autre une certaine quantité de choses qui se con-somment par l'usage, à la charge de lui en rendre autant de même espèce. (Art. 1892).

114. *Quel est l'effet de ce contrat ?*

Son effet consiste à investir l'emprunteur de la propriété de la chose qu'on lui prête, et de laquelle il est garant et responsable jusqu'à ce que le remboursement en soit opéré. (Art. 1893).

115. *Le prêteur peut-il réclamer la chose prétée avant le terme convenu ?*

Non : il faut que le délai fixé pour la remise soit expiré. (Art. 1899).

116. *Si le délai n'a point été fixé, à qui appartient - il de le déterminer ?*

Au juge. (Art. 1900).

117. *De quoi est tenu l'emprunteur ?*

De remettre au prêteur , ou à son représentant, au terme convenu, les choses en même quantité et qualité. (Art. 1902).

118. *Si le lieu pour le remboursement n'a point été fixé, où doit - il être effectué ?*

Si dans le contrat cette circonstance n'a pas été prévue, le remboursement doit être effectué dans le lieu où le prêt s'est opéré. (Art. 1903).

119. *Si l'emprunteur est en retard, à dater de quelle époque doit - il les intérêts ?*

Les intérêts sont dus à compter du jour de la demande en justice. (Art. 1904).

120. *Est - il permis de stipuler des intérêts dans le prêt de consommation ?*

Oui. (Art. 1905).

121. *La loi distingue - t - elle deux sortes d'intérêts ?*

Oui : il y a l'intérêt légal et l'intérêt conventionnel. (Art. 1907).

122. *Quel est le taux de l'intérêt légal ?*

Les anciennes lois l'ont fixé à cinq pour cent, par an , sauf la retenue d'un cinquième, qui a lieu lorsque les parties l'ont stipulée , ou lorsqu'elles ont gardé le silence là-dessus.

123. *L'intérêt conventionnel peut-il excéder celui de la loi?*

Oui : mais pour qu'il soit valable, il doit être fixé par écrit. (Art. 1907).

Le législateur, par cette dernière disposition, a voulu mettre un terme à l'usure, parce qu'il a supposé que personne ne voudrait consigner sa turpitude.

1.re FORMULE

Du Prêt de Consommation.

ESPÈCE.

Une personne prête à une autre la somme de 3,000 francs, pour l'espace de cinq ans, avec l'intérêt à cinq pour cent, par an, sans retenue ; le débiteur hypothèque spécialement un pré, etc.

PAR-DEVANT, etc. ;

A comparu Michel Limail, propriétaire ; demeurant à....., commune...., canton...., département.... ;

Lequel a déclaré devoir au sieur Laurens Bordes, négociant, demeurant dans la ville de....., ici présent et acceptant,

La somme de trois mille francs, qu'à l'instant il lui a prêtée en numéraire, et qu'il a prise et vérifiée au vu de nous notaire et témoins, dont quittance.

Laquelle somme sera remboursée au prêteur dans le délai de cinq ans, à dater de ce jour, avec l'intérêt à cinq pour cent, par an, sans retenue; et pour la garantie du remboursement du capital et intérêts, le débiteur a hypothéqué spécialement en faveur de son créancier, un pré situé à...., commune...., arrondissement...., département...., de la contenance de quatre hectares, confrontant du levant à...., du couchant à...., du nord à...., et du midi à....

Dont acte lu aux parties.

Fait à...., le..., etc., en présence de... et.... de...., demeurans à.... qui ont signé avec le sieur Bordes et nous notaire, non le débiteur pour ne savoir, ainsi qu'il l'a déclaré de ce requis par nous.

2.ᵉ FORMULE.

ESPÈCE.

Une personne prête à une autre la somme de 6,000 francs, qui doit être remboursée dans trois ans, avec l'intérêt à raison de dix pour cent, par an, sans retenue ; il intervient un fidéjusseur solidaire avec le débiteur, l'un et l'autre hypothèquent, savoir ; la caution une pièce de terre à..., et l'emprunteur un vignoble....

PAR-DEVANT, etc.,

A comparu sieur Charles Garran, propriétaire, demeurant à......, commune......, canton....., département.....

Lequel a déclaré devoir au sieur Martial Borgues, négociant, demeurant dans la ville de...., rue....., n.º...., ici présent et acceptant ;

La somme de six mille francs, qu'à

l'instant il lui a prêtée en numéraire, et qu'il a prise et vérifiée au vu de nous notaire et témoins, dont quittance.

Laquelle somme sera remboursée au prêteur dans trois ans, à dater de ce jour, avec les intérêts, à raison de dix pour cent, par an, sans retenue, payables seulement à la même époque.

Et pour garantir au créancier le remboursement du capital et intérêts stipulés, est intervenu Michel Javotte, propriétaire, demeurant à..., commune.., canton.., département....

Lequel, après avoir pris connaissance des engagemens contractés par le débiteur, s'est obligé solidairement avec lui à payer au sieur Borgues, non - seulement les 6,000 fr. au terme convenu, mais encore les intérêts stipulés. A cet effet, les coobligés ont spécialement hypothéqué, savoir ; le débiteur principal un vignoble, situé à....., commune....., arrondissement....., département......., de la contenance de......, confrontant du levant à..., du couchant à..., du nord à...., et du midi à...., et la caution une pièce de terre, située à......, com-

mune....., arrondissement......, département...., de la contenance de...., confrontant du levant à...., du couchant à..., du
nord à...., et du midi.....

Il a été convenu entre le débiteur et la
caution, que si elle est forcée à faire le
paiement de la somme principale et des
intéréts, elle aura voie parée contre le
débiteur, sans recourir à la justice, pour se
faire rembourser de ce qu'elle aura payé pour
le compte de ce dernier, en capital, intéréts et frais; le sieur Garran s'étant déclaré, ce cas arrivant, son débiteur. *

Dont acte lu aux parties.

Fait à......., le......, etc.

Du Gage.

124. *Qu'est-ce que le gage?*

Le gage est un contrat par lequel un
débiteur donne en nantissement à son créancier, une chose mobiliaire, pour la sureté
de la dette. (Art. 2071). D'après cette définition, il est aisé de voir qu'il y a entre

---

* *Nota.* Pour l'intelligence de la dernière clause,
voyez les demandes et réponses 158 et 159.

l'antichrèse et ce contrat une grande analogie. Leur différence consiste uniquement en ce que l'un est pour les immeubles et l'autre pour les choses mobiliaires ; mais ils tendent au même but : celui d'offrir au créancier une garantie.

125. *Comment se forme ce contrat ?*

Il n'acquiert sa perfection que par la tradition de la chose.

126. *Quel est l'effet du gage ?*

Son effet est de conférer au créancier le droit de se faire payer par privilége exclusif, aux autres créanciers, sur la chose qui en est l'objet. (Art. 2073).

127. *Est-il de rigueur que le gage soit donné par le débiteur ?*

Non : il peut également être donné par une tierce personne. (Art. 2077).

128. *Le créancier peut-il, à défaut de paiement, disposer du gage ?*

Il ne le peut pas sans y être autorisé par la justice, qui, estimation faite, ordonne que le créancier en demeurera propriétaire, jusqu'à concurrence de ce qui lui est dû, ou qu'il sera vendu aux enchères. (Art. 2078).

129. *Les contractans peuvent-ils contrevenir à ce principe, en stipulant des conventions contraires ?*

Non

Non : sous peine de nullité de pareilles conventions. (Art. 2078).

130. *Quelle est la responsabilité du créancier détenteur du gage?*

Il est garant de la perte ou détérioration du gage, arrivée par sa faute. (Art. 2080).

131. *De quoi est tenu le débiteur, si le créancier fait des frais pour la conservation du gage?*

De les lui rembourser. (Art. 2080).

132. *Le débiteur peut-il, avant le paiement de sa dette, retirer des mains du créancier l'objet donné en gage?*

La définition qui a été donnée de ce contrat, est assez claire, pour qu'on puisse conclure que le débiteur, avant de s'être libéré, ne peut, dans aucun cas, retirer les choses données en gage au créancier.

FORMULE DU GAGE.

ESPÈCE.

Une personne prête à une autre
900 francs, avec l'intérét à cinq
pour cent, sans retenue, le tout
payable dans un an ; l'emprun-
teur donne en gage une tabatière
en or, du poids de....

PAR-DEVANT, etc.,

A comparu sieur Joseph Lamaze, propriétaire, demeurant au lieu de..., commune...,
canton...., département....,

Lequel a déclaré devoir au sieur Martin
Alien, propriétaire, demeurant au même
lieu, ici présent et acceptant,

La somme de neuf cents francs, qu'à
l'instant il lui a prêtée en numéraire, et qu'il
a prise et vérifiée au vu de nous notaire et
témoins, dont quittance.

Laquelle somme sera remboursée au
créancier, dans un an, à dater de ce jour
avec l'intérét à cinq pour cent, par an, sans
retenue.

Et pour garantir le paiement du tout, il a remis en gage à son créancier, au vu de nous notaire et témoins, une tabatière en or, du poids de....

Dont acte lu aux parties.

Fait à...., le....., etc.

Du Dépôt.

133. *Qu'est-ce que le dépôt ?*

Le dépôt, en général, est un acte par lequel on reçoit la chose d'autrui, à la charge de la garder et de la restituer en nature. (Art. 1915).

134. *Qu'est-ce qui peut faire la matière de ce contrat ?*

Les choses mobiliaires. (Art. 1918).

135. *Comment se forme ce contrat, et que requiert-il pour sa perfection ?*

Par le consentemeut des parties. (Article 1921); mais il n'est parfait, que par la tradition de la chose. (Art. 1919).

136. *Y a-t-il plusieurs espèces de dépôt ?*

Il y a, 1.º le dépôt volontaire ; 2.º le dépôt nécessaire (Art. 1920) ; 3.º le séquestre conventionnel ; 4.º enfin, le séquestre judiciaire. (Art. 1955).

Il ne sera parlé ici que du dépôt volon-

5..

taire, dont la réponse 133 contient la définition.

137. *Quelles sont les obligations du dépositaire ?*

Elles consistent à apporter à la chose déposée, les mêmes soins que le dépositaire pourrait donner à celles qui lui appartiennent. (Art. 1927).

138. *Le dépositaire est-il tenu des événemens produits par la force majeure ?*

Non : à moins qu'il n'ait été mis en demeure pour la restitution de la chose déposée. (Art. 1929).

139. *Le dépositaire peut-il se servir de l'objet déposé ?*

Si le déposant ne l'y a pas autorisé, il ne peut, sous aucun prétexte, employer l'objet du dépôt à aucun usage. (Art. 1930).

140. *Le dépositaire doit-il rendre en même nature ce qu'on lui a confié ?*

Il doit restituer identiquement ce qu'il a reçu. EXEMPLE : Si une somme a été l'objet du dépôt, il doit rendre les mêmes espèces qu'on lui a données. (Art. 1932).

141. *Les détériorations sont-elles à la charge du dépositaire ?*

Si elles sont arrivées par sa faute, il en est responsable ; dans le cas contraire, elles sont à la charge du déposant. (Art. 1933).

142. *A qui doit être faite la restitution de la chose déposée ?*

Au déposant ou à ses représentans. (Article 1939).

143. *Dans quel lieu doit-elle s'opérer ?*

Dans celui qui est fixé dans l'acte ; et si ce cas n'a point été prévu, elle doit être faite dans le lieu où le dépôt a été consenti. (Art. 1942--1943).

144. *Si l'acte de dépôt fixe l'époque de la remise, le déposant est-il obligé à laisser expirer le délai pour revendiquer le dépôt ?*

Non : Le dépositaire est tenu, dans tous les cas, de remettre les choses déposées à la première demande qui lui est faite, à moins que des oppositions ne lui aient été signifiées. (Art. 1944).

145. *Quelles sont les obligations du déposant ?*

Il doit rembourser au dépositaire toutes les dépenses que celui-ci aurait pu faire pour la conservation du dépôt, ainsi qu'à l'indemniser, s'il y a lieu. (Art. 1947).

5...

FORMULE DE DÉPOT.

ESPÈCE.

Une personne a déposé dans les mains d'une autre 2,400 francs , moitié en pièces de 40 f. , et le restant en pièces de 5 f. ; le dépositaire s'oblige à en faire la remise en mêmes espèces , à la première demande qui lui sera faite.

PAR-DEVANT (prénom , nom du notaire , sa résidence), et en présence des témoins ci-après nommés ;

A comparu sieur Benoît Julien , propriétaire , demeurant à...., commune...., canton de...., département...;

Lequel a déclaré que le sieur Jean Laborde, cultivateur , demeurant au même lieu, ici présent et acceptant, lui a remis , hier, en dépôt ,

La somme de deux mille quatre cents fr. , savoir ; douze cents francs en pièces d'or de quarante francs , et le restant en pièces

de cinq f. , qu'il remettra, telle qu'il l'a reçue,
lorsque le sieur Laborde la réclamera.

Dont acte lu aux parties.

Fait à….. , le….. , etc.

Du Cautionnement.

146. *Qu'est-ce que le cautionnement ?*

Le cautionnement est une convention
par laquelle on s'oblige envers le créancier
à satisfaire aux engagemens pris par le
débiteur, si celui-ci ne les exécute pas.
(Art. 2011).

147. *Le cautionnement peut-il excéder
l'obligation principale ou être moins
onéreux ?*

Le cautionnement, comme on vient de
le voir dans la réponse précédente, n'est
qu'un contrat secondaire qui ne peut pas
exister seul, puisqu'il présuppose une obligation antécédente , corroborée par son
intervention. S'il n'a été inventé que pour
fortifier l'engagement qui le précède , il est
plus qu'évident qu'il ne peut pas l'excéder,
mais il est au pouvoir des parties de le
diminuer. (Art. 2013).

148. *Sur quoi s'étend le cautionnement
lorsqu'il est indéfini ?*

Le cautionnement, dans cette hypothèse, embrasse à la fois l'obligation principale, les accessoires de la dette, et tous les frais quelconques. (Art. 2016).

149. *Peut-on ne cautionner que pour le débiteur ?*

Non-seulement on peut cautionner pour le débiteur principal, mais encore on peut se rendre garant et responsable des engagemens pris par la caution de ce dernier. (Art. 2014).

150. *Est-il nécessaire que le cautionnement se fasse en même-temps que le contrat d'obligation ?*

Non : il peut être fait postérieurement, même à l'insçu du débiteur. (Art. 2014).

151. *Si le principal débiteur s'est soumis à la contrainte par corps, peut-on l'exercer contre sa caution ?*

Oui : pourvu qu'elle s'y soit soumise. (Art. 2060).

152. *Lorsque le débiteur est obligé à fournir une caution, quelles conditions celle-ci doit-elle réunir ?*

La caution doit avoir, 1.º la capacité de contracter ; 2.º une propriété suffisante pour répondre de l'obligation ; 3.º le domicile dans le ressort de la Cour d'appel, où le cautionnement est fait. (Art. 2018).

153. *Quels sont les effets du cautionnement entre le créancier et la caution ?*

Lorsque le cautionnement est pur et simple, le créancier ne peut obliger la caution à satisfaire aux engagemens du débiteur, qu'après avoir préalablement discuté les biens de ce dernier ; si le résultat de cette discussion ne remplit point le but du créancier, il a alors, et dans ce cas seulement, action contre la caution. (Art. 2021).

154. *En est-il de même lorsque la caution s'est obligée, solidairement, avec le débiteur ?*

Non : alors le créancier peut discuter indistinctement, ou le débiteur ou la caution. (Art. 2021).

155. *Qu'entend-on par velleïen ?*

Le velleïen est un décret du Sénat romain, qui relevait les femmes de tous les engagemens qu'elles avaient pris, en qualité de caution, à moins qu'elles ne renonçassent à ce bénéfice.

156. *Aujourd'hui comme autrefois, cette renonciation est-elle nécessaire lorsqu'une femme se rend caution ?*

Non : par la raison que le code civil a

déclaré la femme apte à contracter toutes
sortes d'engagemens, lorsqu'elle y sera autorisée ou par son mari ou par la justice.

157. *Quels sont les effets du cautionnement entre le débiteur et la caution?*

Si la caution a payé pour le débiteur,
elle a son recours contre lui pour le remboursement de tous les paiemens qu'elle **a**
pu faire. (Art. 2028).

158. *Quelle est la voie que la caution a
pour obtenir ce remboursement?*

Quoiqu'elle soit dès-l'instant du paiement
légalement subrogée à la place du créancier,
elle n'a, cependant, pour obtenir ce remboursement, que la voie judiciaire; la voie
parée n'est accordée qu'au créancier seul.

159. *Pour obvier aux longueurs qu'entraîne après-elle cette marche, n'y a-t-il
pas un moyen pour que la caution ait
voie parée contre le débiteur?*

Il est un moyen de remédier à cet incon-
vénient; pour cela, il faut que dans l'acte,
le cas de paiement, de la part de la caution,
soit prévu, et que le principal obligé se
soumette alors à être poursuivi par la caution, dont il se déclare débiteur; par là,
l'obligé est débiteur, non-seulement du

créancier, mais encore de la caution, qui, sans circuit, agira contre le cautionné, en vertu de l'action directe résultante de la convention.

160. *Quels sont les effets du cautionnement entre les cofidéjusseurs?*

Quand plusieurs personnes ont cautionné pour un seul débiteur, si l'une d'elles a payé, celle-ci alors a son recours contre les autres cautions, chacune pour sa portion (Article 2033); à moins que, dans l'acte, ce cas ayant été prévu, elles ne se soient engagées solidairement à ce remboursement.

161. *De quelle manière s'éteint le cautionnement?*

Le cautionnement s'éteint de la même manière que les autres obligations. (Article 2034).

FORMULE

*De Cautionnement pur et simple ,
postérieur à l'acte d'obligation.*

ESPÈCE.

*Une personne se rend caution
pure et simple , d'une obligation
consentie il y a un mois....; elle
hypothèque , spécialement , une
pièce de terre à.......*

PAR-DEVANT, etc. ,

A comparu sieur Thomas Barail, négociant, demeurant dans la ville de..., département de...., ,

Lequel, après avoir dit, que par acte du...,
retenu par...., notaire à..., enregistré à...,
le..., par...., receveur...., le sieur Pierre
Lamarre , propriétaire , demeurant à.....,
commune...., canton..., département...., ,
s'était obligé à payer au sieur..., négociant,
habitant dans la ville de..., département...,
la somme de trois mille francs , dans l'espace
de trois ans , avec l'intérêt à cinq pour cent,

par an, sans retenue, avec promesse de fournir à son créancier, dans le délai de... une caution, pour lui garantir le paiement de sa créance,

A déclaré s'obliger comme caution à payer dans le délai fixé, au créancier ci-dessus dénommé, agréé qu'il soit par lui, non-seulement les trois mille francs dont le sieur Lamarre est débiteur, mais encore les intérêts stipulés, dans le cas que ce dernier ne satisfasse point à ses engagemens, et dans le cas encore que le créancier ait discuté infructueusement tous les biens du débiteur.

A cet effet, le sieur Barrail a spécialement hypothéqué, en faveur du créancier, une pièce de terre située au lieu de..., commune...., arrondissement...., département...., de la contenance...., confrontant du nord..., du midi à..., du couchant à..., du levant à....

Dont acte lu au comparant.

Fait à...., le...., etc.

Nota. On a cru inutile de donner une formule du cautionnement solidaire ; le lecteur a déjà vu, page 46, la manière de rédiger un engagement de cette nature.

De la Quittance.

162. Qu'est-ce qu'une quittance ?

C'est un acte qui libère le débiteur du paiement que celui-ci fait à son créancier. Le rédacteur, en le dressant, doit mentionner l'obligation.

FORMULE DE QUITTANCE.

ESPÈCE.

Une personne donne quittance à une autre de la somme de 1,200 francs reçue comptant, que cette dernière lui devait, conformément à l'obligation, de pareille somme, qu'elle avait consenti en sa faveur, à la garantie de laquelle sa maison d'habitation avait été spécialement hypothéquée. Elle consent, en conséquence, que l'inscription hypothécaire, qui en a été faite, soit radiée par le receveur du bureau des hypothèques à......

PAR-DEVANT, etc.,

A comparu sieur Bertrand Lagrange, propriétaire, demeurant à....., commune......; canton...., département de.....;

Lequel a reçu du sieur Louis Joly, agriculteur, demeurant au même lieu, ici présent et acceptant,

La somme de douze cents francs en numéraire, que ce dernier lui a comptée, et qu'il a prise et vérifiée au vu de nous notaire et témoins, dont quittance.

Lesquels douze cents francs avaient été prêtés au sieur Joly par le sieur Lagrange, ainsi que cela résulte de l'acte d'obligation passé le....., par......, notaire à....., enregistré à....., le....., par... , laquelle obligation sera, dès-aujourd'hui, regardée comme non-avenue.

Et comme dans l'acte précité le sieur Joly avait spécialement hypothéqué sa maison d'habitation en faveur du créancier, ce dernier a consenti que l'inscription hypothécaire qui a été faite à sa réquisition le....., à la page..... et sous le n.°...., soit radiée.

Dont acte lu aux comparans.

Fait à...., le...., etc.

CHAPITRE III.

De la Vente et de la Faculté de Rachat; de l'Election de Command, de l'Echange, du Transport, de la Cession des Biens, de l'Antichrèse, du Pignoratif.

De la Vente.

163. *Qu'est-ce que la vente ?*

La vente est une convention par laquelle l'un s'oblige à livrer une chose, et l'autre à la payer. (Art. 1582).

164. *Quelles sont les qualités substantielles du contrat de vente ?*

1.º Le consentement des parties; 2.º l'objet; 3.º le prix. (Art. 1583).

165. *Qu'est-ce que la vente pure et simple ?*

La vente pure et simple est celle qui ne dépend d'aucune condition, et qui, lorsqu'elle est consentie, lie tellement les parties,

ties, qu'elle ne peut être révoquée que par leur consentement mutuel.

166. *Qu'est-ce qu'une vente condition-nelle ?*

La vente conditionnelle est celle dont l'effet est subordonné à l'événement d'une ou de plusieurs conditions.

167. *La tradition de la chose et le paie-ment du prix concourent-ils à la perfection de la vente ?*

La vente est parfaite par le seul consente-ment des parties ; la tradition de la chose et le paiement du prix ne regardent que sa con-sommation.

168. *La promesse de vente vaut-elle vente ?*

Oui : lorsqu'il y a consentement sur la chose et sur le prix (Art. 1589).

169. *S'il y a eu des arrhes données, les contractans peuvent-ils se départir de cette promesse ?*

Oui : mais alors il faut que celui qui les a reçues en rembourse le double, ou que celui qui les a données les perde. (Art. 1590).

170. *Le prix de la vente peut-il être laissé à l'arbitrage d'un tiers ?*

Quoique l'on vienne de dire que le prix est une des qualités substancielles de la vente, cependant il peut être laissé à l'arbitrage d'un tiers, mais alors il y a cette chance à courir, que, si ce tiers ne veut ou ne peut point faire l'estimation, la vente est regardée comme non - avenue. (Art. 1592).

171. *Par qui doivent être payés les frais de l'acte de vente ?*

Par l'acquéreur, à moins qu'il n'y ait stipulation contraire. (Art. 1593).

172. *Qui peut vendre et acheter ?*

Tous ceux auxquels la loi ne l'interdit pas. (Art. 1594).

173. *La vente peut elle avoir lieu entre époux ?*

La vente entre époux ne peut avoir lieu que dans les trois cas suivans :

1.º Celui où l'un des deux époux cède des biens à l'autre, séparé judiciairement d'avec lui, en paiement de ses droits ;

2.º Celui où la cession que le mari fait à sa femme, même non-séparée, a une cause légitime, telle que le remploi de ses immeubles aliénés, ou de deniers à elle appartenans, si ces immeubles ou deniers ne tombent pas en communauté ;

3.º Celui où la femme cède des biens à son mari, en paiement d'une somme qu'elle lui aurait promise en dot, et lorsqu'il y a exclusion de communauté. (Art. 1595).

174. *Quels sont les objets qui peuvent être vendus ?*

Tout ce qui est dans le commerce peut être vendu, à moins que des lois particulières ne s'y opposent. (Art. 1598).

175. *Peut-on vendre la succession d'une personne vivante ?*

Cette vente est trop en opposition avec les bonnes mœurs, pour qu'elle puisse avoir lieu. La loi la prohibe, quand même elle serait faite avec le consentement de cette personne vivante. (Art. 1600).

176. *Peut-on vendre des procès, droits et actions litigieux ?*

Il n'y a pas de doute pour l'affirmative ; mais les juges, leurs suppléans, les procureurs-impériaux, leurs substituts, les greffiers, huissiers, avoués, défenseurs officieux et notaires, ne peuvent devenir cessionnaires des procès, droits et actions litigieux qui sont de la compétence du tribunal dans le ressort duquel ils exercent leurs fonctions, et ce, sous peine de nullité et de tous dépens, dommages et intérêts. (Article 1597).

177. *Quelles sont les obligations du vendeur ?*

Il en a deux principales ; celle de délivrer l'objet, et celle de le garantir. (Art. 1603).

178. *Qu'est-ce que la délivrance ?*

La délivrance est le transport de l'objet vendu en la puissance et possession de l'acquéreur. (Art. 1604).

179. *Le vendeur est-il tenu de parfaire la contenance portée dans le contrat, dans le cas qu'elle fût moindre ?*

Si la vente a été faite à raison de tant la contenance, il n'est pas douteux que dans ce cas, le vendeur ne soit tenu de parfaire à l'acquéreur la contenance portée dans le contrat, ou bien de supporter une diminution proportionnelle du prix : l'acquéreur a le choix de prendre l'un de ces deux partis, à moins que le vendeur ne soit dans l'impossibilité de faire ce surplus en terre. (Art. 1617).

180. *Si au contraire cette contenance est excédante, quels sont les partis laissés au choix de l'acquéreur?*

Si la contenance est plus forte, l'acquéreur a le choix, ou de fournir le supplément du prix, ou de se désister du contrat, dans le cas seulement où l'excédant serait d'un vingtième au-dessus de la contenance stipulée. (Art. 1618).

181. *Mais si la vente n'a pas été faite à tant la mesure, et que la contenance soit moindre ou excédante, les parties ont-elles alors un droit réciproque ?*

Non : le vendeur, dans ce cas, ne peut réclamer aucun supplément du prix, ni l'acquéreur aucune diminution, à moins que la différence de la mesure réelle, à celle exprimée dans le contrat, ne soit d'un vingtième en plus ou en moins, à moins de convention contraire (Art. 1619).

182. *Dans l'hypothèse où il y ait lieu à une augmentation de prix pour excédant d'un vingtième, quels sont les choix laissés à l'acquéreur ?*

En ce cas, l'acquéreur a le choix ou de se désister du contrat, ou de fournir le supplément du prix, avec les intérêts, s'il a gardé l'immeuble. (Art. 1620).

183. *De quoi est tenu le vendeur, dans le cas où l'acquéreur, en usant de son droit, se désisterait du contrat ?*

Le vendeur est tenu de lui rembourser le prix et les frais du contrat. (Art. 1621).

184. *Qu'est-ce que la garantie ?*

C'est une obligation de la part du vendeur,

par laquelle il se rend garant et responsable
de la chose vendue ; la garantie est ou de
droit , ou de fait. (Art. 1625).

185. *Qu'est-ce que la garantie de droit ?*

C'est celle par laquelle le vendeur est
responsable de l'éviction , des troubles que
pourrait éprouver l'acquéreur , ou des charges prétendues sur cet objet, et non déclarées lors de la vente. (Art. 1626).

186. *Qu'est-ce que la garantie de fait ?*

C'est celle qui s'étend sur les vices et
défectuosités qui peuvent se trouver dans
les objets vendus et ignorés de l'acquéreur ,
et qui les rendent impropres à l'usage auquel on les destine , ou qui diminuent tellement cet usage , que l'acheteur ne l'aurait
pas acquis, ou n'en aurait donné qu'un
moindre prix, s'il les avait connus. (Article 1641).

187. *A-t-on besoin dans le contrat de
vente d'insérer la garantie de droit ?*

Il n'y a pas une nécessité absolue, puisque,
lorsqu'elle ne s'y trouve pas énoncée, elle y
est suppléée *ipso jure.* Cependant il n'est pas
superflu de l'y mentionner , pour éviter toute
contestation. (Art. 1626).

188. *Le défaut de cette énonciation*

priverait-il l'acquéreur d'user envers le vendeur du droit que la loi lui donne ?

La solution de cette question se trouve dans la réponse précédente, où le lecteur a vu que le défaut d'énonciation de la garantie de droit est suppléée par la loi ; ainsi, que le contrat énonce cette garantie, ou qu'il n'en fasse pas mention, l'acquéreur a, dans l'un comme dans l'autre cas, action contre le vendeur.

189. *Peut on renoncer à la garantie de droit ?*

Il dépend des parties d'atténuer, même d'annuller l'effet de cette garantie ; alors, et dans ce dernier cas, les risques sont uniquement pour l'acquéreur, le vendeur n'étant tenu à d'autre garantie qu'à celle qui résulte d'un fait qui lui est personnel. (Article 1627- 1628).

190. *Dans le cas que l'acquéreur soit évincé, de quoi est tenu le vendeur, lorsque ce dernier s'est soumis à la garantie de droit, ou lorsque le contrat n'en fait pas mention ?*

Si l'acquéreur est évincé, le vendeur est tenu, à son égard, de la restitution du prix ; 2.º de celle des fruits, lorsqu'il est obli é de les rendre au propriétaire qui l'évince ;

6....

5.º de celle des frais faits sur la demande
en garantie de l'acheteur, et ceux faits par
le demandeur originaire ; 4.º enfin, de celle
des frais et loyaux coûts du contrat et des
dommages et intérêts. (Art. 1630).

191. *Qu'est-ce que le stellionat?*

Le *stellionat* est un délit que commet
celui qui vend, ou qui hypothèque des biens
qu'il sait ne pas lui appartenir. (Art. 2059).

Il y a encore *stellionat*, lorsqu'en vendant
des immeubles, on les déclare ou libres,
quoiqu'hypothéqués, ou qu'on énonce des
hypothèques moindres que celles dont les
biens sont réellement affectés (Art. 2059);
ce délit donne lieu à la contrainte par corps.
(Même article), qui ne peut être exercée
qu'en vertu d'un jugement. (Art. 2067).

192. *Quelles sont les précautions qu'on
doit prendre avant d'acheter ?*

L'acquéreur prudent doit, avant tout, vérifier au bureau des hypothèques si les objets
qu'il désire acheter sont libres ou hypothéqués ; ensuite il doit faire transcrire l'acte
de vente dans le bureau de l'arrondissement.
de la situation des biens.

193. *Qu'est-ce que la transcription ?*

C'est l'inscription des actes translatifs de
propriété d'immeubles ou droits réels im-
mobiliers, faite sur les registres du bureau

de la conservation des hypothèques de l'arrondissement de la situation des biens. (Article 2177).

194. *Quels sont ses effets ?*

La transcription transfère à l'acquéreur tous les droits du vendeur, sous l'affectation des mêmes priviléges et hypothèques dont il était chargé. (Art. 2178).

195. *Si les objets acquis sont hypothéqués, quel parti doit prendre l'acquéreur ?*

L'acquéreur doit alors, pour se mettre à l'abri des poursuites que les créanciers hypothécaires pourraient exercer contre lui, notifier, dans le mois, à ces derniers, 1.º l'extrait de l'acte ; 2.º celui de sa transcription ; 3.º un tableau à trois colonnes, dont la première contiendra la date des hypothèques et celle des inscriptions ; la seconde le nom des créanciers ; la troisième le montant des créances inscrites : dans le même acte de notification, il déclarera qu'il est prêt à acquitter, sur-le-champ, les dettes et charges hypothécaires, jusqu'à concurrence du prix de la vente, sans distinction des dettes exigibles ou non. (Article 2179--2180).

196. *En quoi consistent les obligations de l'acquéreur ?*

L'acquéreur est tenu de payer le prix de

la vente, aux jour et lieu indiqués (Art. 1650),
à moins qu'il ne l'ait acquitté lors de
l'acquisition, ou qu'il ne soit dans le cas
énoncé à la réponse précédente.

197. Qu'est-ce que la faculté de rachat?

La faculté de rachat ou de réméré est une
convention, mise dans un contrat de vente,
par laquelle le vendeur se réserve le droit
de rentrer dans les objets vendus. (Art. 1659).

*198. Peut on stipuler cette faculté pour
un long terme?*

On ne peut stipuler cette faculté que pour
l'espace de cinq ans; un plus long délai,
même du consentement des parties, est nul
et réduit aux termes dont on vient de parler.
(Art. 1660).

*199. De quoi est tenu le vendeur qui
use de cette faculté?*

De rembourser à l'acquéreur le prix et
les autres frais occasionnés par la vente.
(Art. 1673).

*200. Quand une vente embrasse des
meubles et des immeubles, le notaire doit-
il dans l'acte les classer séparément, et
faire la distinction de leur prix respectif?*

Oui.

201. Quel est le but de cette précaution?

D'éviter que les meubles paient les mêmes

droits d'enregistrement que les immeubles ; ce qui arriverait sans cette précaution, et alors l'intérêt des parties se trouverait compromis.

202. *Qu'est-ce qu'un immeuble?*

La loi distingue trois espèces d'immeubles, 1.° ceux qui le sont par leur nature ; 2.° ceux qui le deviennent par destination ; 3.° et ceux qui le sont par l'objet auquel ils s'appliquent.

Sont immeubles par leur nature :

1.° Les fonds de terre et les bâtimens. (Art. 518).

2.° Les moulins à vent ou à eau, fixés sur piliers. (Art. 519.)

3.° Les récoltes pendantes par leurs racines et les fruits des arbres non recueillis (Article 520).

4.° Les coupes ordinaires de bois-taillis ou de futaie, mises en coupes réglées. (Article 521).

Sont immeubles par l'objet auquel ils s'appliquent :

1.° L'usufruit des choses immobilières. (Art. 526).

2.° Les servitudes ou services fonciers. (Art. 526).

3.º Les actions qui tendent à révendiquer un immeuble. (Art. 526).

Sont immeubles par destination, les objets qui ont été placés par le propriétaire pour le service et l'exploitation du fonds :

1.º Les animaux attachés à la culture.

2.º Les ustensiles aratoires.

3.º Les semences données au fermier, ou colon partiaire.

4.º Les pigeons des colombiers.

5.º Les lapins de garenne.

6º Les ruches à miel.

7.º Les poissons des étangs.

8.º Les pressoirs, chaudières, alambics, cuves et tonnes.

9.º Les ustensiles nécessaires à l'exploitation des forges, papeteries et ustensiles.

10.º Les pailles et engrais.

11.º Enfin, tous effets mobiliers qu'on a attachés aux fonds à perpétuelle demeure (Art. 524), et qui ne peuvent être détachés sans être fracturés et détériorés, ou sans briser et détériorer la partie du fonds à laquelle ils sont attachés, comme les glaces, tableaux et autres ornemens scellés en plâtre, à chaux ou à ciment. (Art. 525).

203. *Qu'est-ce qu'un meuble ?*

Il est inutile, en répondant à cette

question, d'entrer, à l'égard des meubles, dans d'aussi longs détails. Le lecteur pourra classer à ce rang-là, tous les objets généralement quelconques, qui ne se trouveront point dans la nomenclature de ceux contenus dans la précédente réponse.

204. Le vendeur qui a été lésé dans le prix d'un immeuble, a-t-il le droit de demander la rescision de la vente?

Si le vendeur a été lésé de plus de sept douzièmes, il peut la faire annuller. (Article 1674).

205. Pour savoir s'il y a lésion déterminée, que faut-il faire, et dans quel délai faut-il en former la demande?

Il faut faire estimer l'objet suivant son état et sa valeur au moment de la vente. (Art. 1675). La demande en rescision pour cause de lésion doit être formée avant l'expiration de deux ans, à dater du jour de la vente. (Art. 1676).

206. Qu'est-ce qu'une délégation?

C'est une commission par laquelle un débiteur substitue son debiteur à sa place....

207. Y a-t-il plusieurs espèces de délégations?

Oui : il y a la délégation parfaite et la délégation imparfaite.

208. Qu'est ce qu'une délégation parfaite?

La délégation parfaite est celle qui est revêtue du consentement du débiteur qui délégue , du débiteur délégué , et du créancier. Lorsque la délégation est parvenue à ce dégré de perfection , l'ancienne dette s'éteint, le premier débiteur est entièrement libéré envers son créancier, qui ne peut avoir de recours que contre le second débiteur, à moins que, par une clause expresse, il ne se soit réservé la faculté de se pourvoir contre son premier débiteur, à défaut de paiement.

209. Qu'est ce qu'une délégation imparfaite ?

C'est celle qui ne réunit pas le consentement des trois personnes dont on vient de parler.

210. Qu'est-ce qu'une subrogation ?

La subrogation, en matière de créance, est une substitution par laquelle on succède aux droits d'un créancier.

Exemple : Pierre est créancier de Jean de dix mille francs, Joseph paie cette somme à Pierre, qui le subroge à sa place.

211. *Y a-t-il plusieurs espèces de subrogations?*

Il y a subrogation conventionnelle et subrogation légale.

212. *Qu'est-ce que la subrogation conventionnelle?*

La subrogation conventionnelle est celle par laquelle le créancier transfère sa créance, avec tous ses accessoires, au profit d'une tierce personne.

213 *Qu'est-ce que la subrogation légale?*

La subrogation légale est celle qui se fait par la loi, en faveur de celui qui paie le créancier du débiteur.

1.re FORMULE DE VENTE.

ESPÈCE.

Une personne vend à une autre un pré, sans expression de contenance. La vente est pure et simple; l'acquéreur en paie comptant le prix convenu. Le paiement des contributions doit être fait par lui, à dater du jour de l'acquisition.

PAR-DEVANT, etc.,

A comparu sieur Jean Lacroix ; pro-

priétaire, demeurant à....., commune....,
canton de....., département.... ;

Lequel a vendu, sous la garantie de fait
et de droit,

A sieur Pierre Duron, agriculteur, demeurant à....., commune....., canton.....,
département......, ici présent et acceptant,

Un pré à lui appartenant, et libre d'hypothèque, situé à..., commune......., arrondissement....., département....., confrontant
du nord à......, du levant à....., du midi et
du couchant à....., quelle que soit sa contenance, à raison de laquelle les parties ne
pourront former aucune réclamation.

Pourra, l'acquéreur, jouir et disposer du
pré vendu, à compter d'aujourd'hui, ainsi
que le vendeur avait droit de le faire, à la
charge d'en acquitter désormais les contributions.

Cette vente a été faite pour la somme de
quatre mille fr., que l'acquéreur a comptée
en numéraire au vendeur; qui, au vu de nous
notaire et témoins, l'a prise et vérifiée, et
de laquelle il a donné quittance.

Dont acte lu aux parties.

Fait à......, le......, etc.

2.e FORMULE.

ESPÈCE.

Une personne vend à une autre une pièce de terre à raison de 1,000 fr. l'hectare, avec la réserve expresse que, si lors de l'arpentement, il y a un excédant ou une diminution de contenance, les parties s'en feront respectivement raison ; la moitié du prix de la vente est payée comptant, et l'autre doit l'être dans trois ans, avec l'intérêt à cinq pour cent, par an, sans retenue. Il intervient un fidéjusseur qui s'oblige, solidairement avec l'acquéreur, à payer au vendeur le restant du prix et l'intérêt convenu ; l'acquéreur hypothèque l'objet acquis, et la caution sa maison de.....; de son côté, le vendeur hypothèque, pour garantir la vente qu'il consent, sa maison d'habitation.

PAR-DEVANT, etc.,

A comparu sieur Bernard Lastuce, propriétaire, demeurant à....., commune......, canton de ....., département..... ;

Lequel a vendu, sous la garantie de fait et de droit,

A sieur Pierre Maneil, propriétaire, demeurant au même lieu, ici présent et acceptant,

Une pièce de terre à lui appartenant et libre
d'hypothéque, située à..., commune...., arrondissement..., département...,confrontant
du levant et du midi à..., du nord à...., et du
couchant à....., de la contenance de quatre
hectares; et si, lors de l'arpentement que
le vendeur doit faire faire à ses frais, il y a
dans cette contenance excédant ou déficit,
les parties s'en feront respectivement raison
au prorata du prix ci-après stipulé.

Pourra, l'acquéreur, jouir et disposer de
la pièce de terre vendue, à compter d'aujourd'hui, ainsi que le vendeur avait droit
de le faire, à la charge d'en acquitter désormais les contributions.

Cette vente a été faite pour le prix de six
mille francs, à raison de quinze cents francs
l'hectare, en déduction duquel l'acquéreur
a compté au vendeur, au vu de nous notaire
et témoins, trois mille francs en numéraire,
pris et vérifiés par ce dernier, dont quittance.

Les trois mille francs restans seront payés
au vendeur dans l'espace de trois ans, avec
l'intérêt à cinq pour cent, par an, sans
retenue.

Et pour la sureté de l'exécution de cette obligation, est intervenu sieur Joseph Blaveau, négociant, demeurant à....., etc.

Lequel s'est obligé solidairement avec l'acquéreur, de faire au vendeur les paiemens convenus à l'époque déterminée ; à cet effet, la caution et l'acquéreur ont hypothéqué spécialement, savoir ; le dernier l'objet acquis, et l'autre sa maison d'habitation déjà désignée.

De son côté, le vendeur a hypothéqué spécialement, pour garantir à l'acquéreur la solidité de l'acquisition qu'il vient de faire, sa maison d'habitation également désignée.

Convenu, entre l'acquéreur et la caution, que, si elle est forcée par le vendeur à payer les sommes mentionnées, elle pourra, sans recourir à la justice, avoir voie parée contre l'acquéreur, pour le remboursement des sommes payées ; le vendeur s'étant déclaré, ce cas arrivant, son débiteur à cet égard.

Dont acte lu aux parties.

Fait à....... le...... etc.

3.e FORMULE.

ESPÈCE.

Une personne vend à une autre un moulin à vent, avec une pièce de terre attenant, à la charge de payer en entier les impositions de l'année courante. Le prix a été déjà compté, et le vendeur en donne quittance : celui-ci se réserve de pouvoir rentrer dans les objets aliénés, dans l'espace de trois ans, en remboursant à l'acquéreur le prix et les frais de la vente.

PAR-DEVANT, etc.,

A comparu sieur Mathieu Alage, proprié-taire, demeurant à......, commune......, canton....., département..... ;

Lequel a vendu, sous la garantie de fait et de droit,

A sieur Pierre Marail, meunier, demeu

rant au même lieu, ici présent et acceptant,

Un moulin à vent et une pièce de terre attenant, à lui appartenant et libre d'hypothèque, de la contenance de trente-huit ares, avec son plus ou moins ; le tout situé au lieu de..., commune..., arrondissement..., département...., confrontant du levant et du couchant à....., du nord et du midi à......,

L'acquéreur pourra, dès ce moment, jouir et disposer des immeubles vendus, ainsi que le vendeur avait droit de le faire, à la charge de payer en entier les impositions de l'année courante.

Cette vente a été faite pour huit mille francs, que le vendeur a déclaré avoir reçu de l'acquéreur à diverses époques, dont quittance.

S'est réservé, le vendeur, de pouvoir rentrer, dans trois ans, à dater de ce jour, dans les objets vendus, en remboursant à l'acquéreur les huit mille francs et les frais que la présente vente aura occasionnés, sans autre formalité qu'un simple commandement.

Et si dans le délai prescrit le vendeur n'a point usé de cette faculté, l'acquéreur sera

propriétaire incommutable des objets compris dans la présente acquisition.

Dont acte lu aux parties.

Fait à......., le.......

4.e FORMULE.

ESPÈCE.

*Une personne vend à une autre un
vignoble ; la moitié du prix est
payée comptant au vendeur, et
l'autre aux créanciers de celui-ci,
sur sa délégation. Il y a subrogation de la part des créanciers
en faveur de l'acquéreur ; les impositions, à dater du jour de l'acte,
seront acquittées par l'acquéreur.*

PAR-DEVANT, etc.,

A comparu sieur Thomas Souche, agriculteur, demeurant à......, commune......,
canton......, département...... ;

Lequel a vendu, sous la garantie de fait
et de droit,

A sieur Philip Gayle, propriétaire, demeurant au même lieu, ici présent et
acceptant,

Un vignoble à lui appartenant et libre d'hypothèque, situé à..., commune..., arrondissement..., département....., confrontant du
nord et du midi à......, du levant et du
couchant à......, de la contenance de neuf
hectares, trente-quatre ares, avec son
plus ou moins de contenance; l'acquéreur
pourra, dès ce moment, jouir et disposer
du vignoble vendu, ainsi que le vendeur
avait droit de le faire, à la charge d'en
payer désormais les contributions.

Cette vente a été faite moyennant la somme
de six mille francs, en déduction de laquelle
l'acquéreur a compté, en numéraire, celle
de trois mille francs, prise et vérifiée par le
vendeur, au vu de nous notaire et témoins,
dont quittance.

Quant aux trois mille francs restans, le
vendeur a chargé l'acquéreur de les payer,
savoir : quinze cents francs, au sieur Joseph
Labrol, négociant, demeurant dans la ville
de...., qu'il lui doit, aux termes de l'acte
d'obligation retenu le......, par....., notaire
à...., enregistré à....., le....., par....; et les
autres quinze cents francs, au sieur Thomas

Caprais, propriétaire, demeurant dans la même ville, qu'il lui doit également, aux termes de l'acte d'obligation retenu le....., par...., notaire à....., enregistré à...., le....., par.....

Et à l'instant sont intervenus les sieurs Labrol et Caprais, dénommés, auxquels l'acquéreur a compté, en numéraire, quinze cents francs à chacun, pris et vérifiés par eux, au vu de nous notaire et témoins, et dont ils ont séparément donné quittance à l'acquéreur, qu'ils ont subrogé à leur place, pour les droits et hypothèques que chacun d'eux avoit sur les biens du vendeur.

Dont acte lu aux parties.

Fait à...., le..., etc.

5.ᵉ FORMULE.

~~~~~~~~~

ESPÈCE.

Une personne vend à une autre une maison avec les meubles détaillés et estimés dans l'acte. Les impositions sont à la charge du vendeur jusqu'à la fin de l'année courante, époque à laquelle l'acquéreur sera tenu de les acquitter. Le prix est payé comptant.

PAR-DEVANT, etc.,

A comparu sieur Jean Félix, docteur en médecine, demeurant dans la ville de....., rue...., n°.....;

Lequel a vendu, sous la garantie de fait et de droit,

A sieur Jacques Lavoire, avocat, demeurant dans la même ville, rue..., n.°...., ici présent et acceptant,

1.° Une maison à lui appartenant et libre d'hypothèque, située dans la ville de..., rue..., n.°..., composée, au rez-de-chaussée, d'une
~~~~~~~~~

allée, d'un salon à manger, d'une salle de compagnie, d'une cuisine, cave au dessous, et d'une cour sur le derrière, dans laquelle il y a un puits; au premier étage, de quatre chambres à coucher, deux donnant sur la rue, èt les deux autres donnant sur la cour dont on vient de parler; vastes greniers par-dessus, confrontant du nord à...., du midi à...., du levant à...., et du couchant à....

2.º Tous les meubles qui sont dans la maison vendue, et dont l'état estimatif suit:

1.º Deux lits complets d'indienne, estimés mille francs;

2.º Deux autres lits complets, en soie cramoisie, estimés quinze cents francs;

3.º Douze fauteuils, une bergère de la même étoffe, estimés six cents francs;

4.º Un Buffet en bois d'acajou, estimé quatre cents francs;

5.º Enfin, un secrétaire du même bois, estimé six cents francs.

Quant aux autres meubles et effets, le vendeur se les a réservés, à l'exception, néanmoins, de ceux qui ne pourraient être enlevés qu'en les déteriorant ou en préjudiciant les murs sur lesquels ils sont cloués ou scellés, et que le vendeur a reconnu avoir été placés à perpétuelle demeure.

Les impositions de l'année courante seront acquittées par le vendeur; mais à dater de l'année prochaine, elles seront à la charge de l'acquéreur, qui, dès ce moment, pourra jouir et disposer des objets vendus, ainsi que le vendeur avait droit de le faire.

Cette vente a été consentie pour le prix, savoir : la maison, quinze mille neuf cents francs, et les meubles et effets, quatre mille cent francs, faisant ensemble les deux sommes réunies, celle de vingt mille francs, qui a été comptée en numéraire par l'acquéreur au vendeur, au vu de nous notaire et témoins, prise et vérifiée par ce dernier, qui en a donné quittance.

Dont acte lu aux parties.

Fait à...., le...., etc.

Du Command.

214. *Qu'est-ce que le Command?*

C'est une déclaration dans laquelle un acquéreur, conformément à la faculté qu'il s'est réservée de nommer son commettant, reconnaît avoir acquis au nom de la personne qu'il nomme, laquelle est tenue d'exécuter le contenu en l'acte d'acquisition.

215. Dans quel délai doit-il être fait et notifié au receveur de l'enregistrement?

Dans les vingt quatre heures du contrat, si l'on veut éviter de seconds droits de vente. (Article 68 , n.º 207 de la loi du 22 frimaire an 7).

FORMULE DU COMMAND.

ESPÈCE.

Une personne a acquis une pièce de terre pour la somme de 3,000 f. ; la moitié a été payée comptant, et l'autre doit l'être dans un an , avec l'intérêt à cinq pour cent , par an , sans retenue : elle déclare, d'après la faculté qu'elle s'est réservée dans l'acte de nommer son commettant, que l'acquisition a été faite pour tel....., et que le paiement de la moitié du prix a été fait de ses deniers ; le commettant est présent et promet d'exécuter tout ce qui a été convenu dans l'acte de vente.

PAR-DEVANT, etc.,

A comparu sieur Paul Lagrange, propriét

taire, demeurant à... ,commune..., canton...,
département... ;

Lequel a dit, avoir acquis cejourd'hui , par
acte retenu par...., notaire, etc., du sieur
Bernard Carrère, propriétaire, demeurant
à..., commune..., canton..., département...,
une pièce de terre dont la situation, confron-
tation et contenance, sont énoncées dans
l'acte précité, pour la somme de trois mille
francs, dont moitié a été payée comptant, et
le restant doit l'être dans un an, avec l'intérêt à cinq pour cent, par an, sans retenue.

Et comme le comparant s'est réservé dans
l'acte la faculté de nommer son commettant,
il a déclaré non - seulement avoir acquis pour
le sieur Michel Lagarde, agriculteur, demeurant à....., ici présent, mais encore
avoir payé la moitié du prix avec les deniers
de celui - ci. En conséquence, il a subrogé
le sieur Lagarde, mais sans aucune garantie
de sa part, dans tous les droits résultans du
contrat de vente consenti en sa faveur.

Et le sieur Lagarde a accepté la déclaration
faite à son profit, et a promis de payer au
sieur Bernard Carrère, le restant du prix
avec les intérêts stipulés, et d'exécuter ponc-

tuellement tout ce qui est déterminé dans
l'acte de vente mentionné.

Dont acte lu aux parties.

Fait à...., le...., etc.

De l'Echange.

216. *Qu'est-ce que l'échange ?*

L'échange est un contrat par lequel les
parties se donnent respectivement une chose
pour une autre. (Art. 1702).

217. *De quelle manière ce contrat s'opère-
t-il ?*

Comme la vente, il acquiert sa perfection
par le seul consentement des parties. (Article 1703).

218. *Quel est le droit du copermutant
évincé de l'immeuble reçu en échange ?*

Il a celui de réclamer ou des dommages-
intérêts, ou de revendiquer la chose donnée
en contr'échange. (Article 1705). L'éviction, en pareille rencontre, résout le contrat et réduit les choses au même état où elles
étaient auparavant.

219. *Faut-il que les objets qui font la
matière de ce contrat, soient évalués dans
l'acte ?*

Si ce contrat ne donnait pas ouverture à
un droit proportionnel d'enregistrement, il

ne serait pas nécessaire, pour l'intérêt des parties, d'établir dans l'acte l'évaluation des objets qui en font la matière; mais le motif dont on vient de parler est trop péremptoire, pour qu'on puisse s'en dispenser.

220. *La lésion a-t-elle lieu dans ce contrat?*

La loi s'oppose à ce qu'un contrat d'échange soit rescindé pour cause de lésion. (Art. 1706).

1.re FORMULE D'ÉCHANGE.

E S P È C E.

Deux personnes font, entr'elles, un échange. Elles se donnent respectivement, l'une une pièce de terre labourable, et l'autre une maison. Les objets permutés sont de la même valeur : les contributions sont à la charge des copermutans, du jour de l'acte.

PAR-DEVANT, etc.

Ont comparu Jean Marteau, propriétaire,

demeurant au lieu de..., commune..., canton..., département..., d'une part;

Et Gabriel Iram, propriétaire, demeurant au même lieu, d'autre part :

Lesquelles parties ont fait la permutation suivante :

Le sieur Jean Marteau a donné en échange au sieur Gabriel Iram, une pièce de terre labourable à lui appartenant et libre d'hypothèque, de la contenance de quatre hectares, située à....., commune....., arrondissement...., département..... , confrontant du levant à...., du couchant à...., du nord à..., et du midi à....;

Et il a reçu en contr'échange du sieur Gabriel Iram, une maison appartenant à ce dernier, et libre d'hypothèque, située dans la ville de..., rue..., n.º..., composée, au rez-de-chaussée, de deux chambres, et au premier de deux autres, grenier au-dessus, confrontant du levant à..., du couchant à.., du nord à..., et du midi à.... ;

Lesquels immeubles ont été estimés, chacun, quatre mille francs.

Les copermutans pourront, dès ce moment, jouir et disposer des immeubles reçus en échange, ainsi que chacun d'eux avait droit de le faire, à la charge de payer désor-

mais

mais les impositions dont les objets échangés sont grevés.

Dont acte lu aux parties.

Fait à...., le...., etc.

2.ᵉ FORMULE.

ESPÈCE.

Deux personnes échangent, l'une une pièce de vigne, et l'autre une pièce de terre labourable. Il y a un retour de 1,000 francs de la part de l'une d'elles, qui seront payés dans un an, avec l'intérêt à cinq pour cent, sans retenue. Les contributions des objets échangés sont à la charge des copermutans, du moment de l'acte.

PAR-DEVANT, etc.,

Ont comparu sieur Martin Sornin, boucher, habitant à..., commune..., canton..., département..., d'une part;

Et sieur Jérôme Micas, propriétaire, habitant à..., commune..., canton..., département..., d'autre part;

Lesquels ont fait la permutation suivante :

Le sieur Martin Sornin a donné en échange au sieur Micas, une pièce de vigne à lui appartenant et libre d'hypothèque, située au lieu de...., commune..., arrondissement...., département...., de la contenance de deux hectares environ, confrontant du levant à..., du couchant à..., du nord à..., et du midi à..., estimée trois mille francs ;

Et le sieur Micas a donné en contr'échange au sieur Sornin, une pièce de terre labourable de la contenance de trois hectares environ, à lui appartenant et libre d'hypothèque, située à....., commune..., canton....., arrondissement..., département..., confrontant du midi à..., du nord à..., du levant à..., et du couchant à..., estimée quatre mille fr.

Les copermutans pourront, dès ce moment, jouir et disposer des immeubles permutés, ainsi que chacun d'eux avait droit de le faire, à la charge d'en payer désormais les contributions.

Cet échange a été fait moyennant la somme de mille francs de retour de la part du sieur Sornin, que celui ci s'est obligé de payer au sieur Micas, dans le délai d'un an, à dater de ce jour, avec l'intérêt à cinq pour cent, sans retenue ; et jusqu'au paiement de cette somme, l'immeuble reçu par lui en contr'échange, demeurera, par privilége, spécialement hypothéqué en faveur du sieur Micas.

Dont acte lu aux comparans.

Fait à...., le...., etc.

Du Transport.

221. *Qu'est-ce que le transport ?*

Le transport n'est autre chose qu'un contrat par lequel on vend des droits successifs, une créance ou une action qu'on a sur un tiers. Le vendeur, dans ce contrat, est appelé cédant, et l'acquéreur cession-naire.

222. *De combien de manières le cession-naire peut-il être saisi vis-à-vis du débiteur ?*

De deux, 1.° par la signification du transport faite au débiteur ; 2.° par l'acceptation de celui-ci faite par acte authentique. (Art. 1690).

223. *Le transport d'une créance comprend il les accessoires de la créance, tels que cautions, priviléges et hypothèques ?*

8..

Oui. (Art. 1692).

224. *Lorsque le transport est fait sans garantie, de quoi le cédant est-il tenu ?*

D'en garantir l'existence au temps où le transport est consenti. (Art. 1693).

225. *Le cédant répond-il de la solvabilité du débiteur ?*

Non : à moins qu'il ne s'y soit formellement engagé, et alors il n'est responsable que jusqu'à concurrence du prix qu'il a retiré de la créance. (Art. 1694).

226. *Lorsque le cédant a promis la garantie de la solvabilité du débiteur, cette promesse s'étend-elle sur la solvabilité actuelle et future ?*

Non : elle ne comprend que la première, à moins qu'une stipulation contraire, de la part du cédant, n'embrasse l'une et l'autre. (Art. 1695).

227. *De quoi est tenu celui qui transporte une hérédité, sans en spécifier en détail les objets ?*

De garantir seulement sa qualité d'héritier. (Art. 1696).

1.re FORMULE DE TRANSPORT.

ESPÈCE.

Une personne transporte à une autre, moyennant 6,000 francs, les droits qui lui sont advenus par la mort d'un de ses oncles, décédé ab intestat, et duquel elle a hérité pour un sixième.

PAR-DEVANT, etc.,

A comparu sieur Sylvain Charlari, propriétaire, demeurant à....., commune....., canton......, département..... ;

Lequel a transporté à sieur Claude Goynon, propriétaire, demeurant dans le même lieu, ici présent et acceptant,

Les droits qu'il a sur la succession de sieur Martin Goynon, son oncle maternel, décédé *ab intestat*, duquel il a hérité à concurrence d'un sixième.

Ce transport a été fait moyennant la somme de six mille francs, que le cessionnaire a compté au cédant en numéraire, prisé

8...

et vérifiée par ce dernier, au vu de nous notaire et témoins, dont quittance.

Au moyen de quoi le cessionnaire a été subrogé à tous les droits du cédant, qui ne s'est soumis à d'autre garantie qu'à celle de sa qualité d'héritier.

Dont acte lu aux parties.

Fait à......, le......., etc.

2.ᵉ FORMULE.

ESPÈCE.

Une personne, moyennant 4,000 f.; transporte à une autre une créance quelle a sur....... en vertu d'un titre authentique, dont la grosse est remise au cessionnaire.

PAR-DEVANT, etc.,

A comparu sieur Louis Gramar, négociant, demeurant dans la ville de...., rue..., n.°...;

Lequel a transporté au sieur Jean Immans, propriétaire, demeurant à...., commune..., canton......., département......., ici présent et acceptant,

Une créance de cinq mille francs, qu'il a sur le sieur Joseph Moulin, propriétaire, demeurant à......, ainsi que cela résulte du contrat d'obligation que ce dernier consentit au cédant le........, devant......, notaire à......., enregistré le...... par...., receveur; laquelle créance n'est exigible que le......, sans intérêt.

En conséquence, la grosse de l'acte obligatoire cité, a été remise au cessionnaire, par le cédant, qui l'a subrogé à sa place, sans se soumettre à d'autre garantie, qu'à celle de la solvabilité actuelle du débiteur.

Ce transport a été fait moyennant quatre mille francs, que le cessionnaire a compté en numéraire, pris et vérifiés au vu de nous notaire et témoins, par le cédant, qui en a donné quittance.

Dont acte lu aux comparans.

Fait à........, le......., etc.

3.e FORMULE.

ESPÈCE.

Une personne transporte à une autre une. rente perpetuelle, et annuelle de 100 fr., sans retenue, paiable en deux paiemens égaux; qui lui fut constituée le.........; par...., moyennant l'aliénation de 2,000 francs. Ce transport est fait pour le prix de 1,500 francs. Le cédant délivre au cessionnaire la grosse du titre constitutif, le subroge à sa place, garantit la solvabilité actuelle et future du débiteur, et hypothèque spécialement sa maison d'habitation.

PAR-DEVANT, etc.,

A comparu sieur Barthélemy Dunoy, propriétaire, demeurant à....., commune......; canton...., département de..... ;

Lequel a transporté à sieur Pierre Mapont, demeurant au même lieu, ici présent et acceptant,

Une rente perpétuelle et annuelle de cent fr., sans retenue, paiable d'avance de six en six mois et en deux paiemens égaux, savoir : le premier, le......, et le second, le...... Laquelle lui fut constituée par le sieur François Laborde, médecin, demeurant dans la ville de......., moyennant l'aliénation de deux mille francs, ainsi que cela résulte de l'acte du....., passé à......, par....., notaire à la résidence de....., enregistré à......, le......, par......., receveur.....

En conséquence, le cédant a remis au cessionnaire la grosse de l'acte précité, et l'a non-seulement subrogé à tous ses droits, mais encore il s'est obligé de fournir et faire valoir personnellement la rente qu'il vient de céder. A cet effet, il a spécialement hypothéqué sa maison d'habitation, située, comme il a été déja dit, au lieu de......, commune....., canton....., département.....

Le présent transport a été fait moyennant quinze cents francs, que le cessionnaire a compté en numéraire, au cédant, pris et vérifiés par ce dernier au vu de nous notaire et témoins , et desquels il a donné quittance.

Dont acte lu aux parties.

Fait à.... , le.... , etc.

De la Cession de Biens.

228. *Qu'est-ce qu'une cession de biens?*

C'est l'abandon qu'un débiteur fait de tous ses biens à ses créanciers, lorsqu'il se trouve hors d'état de payer ses dettes (Art. 1265). Cet abandon est volontaire ou judiciaire. (Art. 1266). Il ne sera parlé ici que du premier.

229. *Qu'est-ce que la cession de biens volontaire?*

C'est celle que les créanciers acceptent volontairement, et dont l'effet résulte des stipulations contenues dans le contrat passé entr'eux et le débiteur. (Art. 1267).

FORMULE DE CESSION DE BIENS.

ESPÈCE.

*Un débiteur doit 20,000 francs ;
il fait cession à son créancier de
tous ses biens, pour se degager
des obligations auxquelles il ne
peut satisfaire que par l'abandon
volontaire de tout ce qu'il peut
posséder. Le créancier est présent,
accepte et libère son débiteur de
tout ce qu'il peut lui devoir......*

PAR-DEVANT, etc.,

A comparu sieur François Sauveur, propriétaire, demeurant à......, commune....,
canton....., département...... ;

Lequel, après avoir dit qu'il était débiteur
de la somme de vingt mille francs envers
le sieur Joseph Mauvezin, négociant, demeurant dans la ville de...., rue...., n. ... ;
dette justifiée, 1.° par le contrat d'obligation

de quatre mille francs, en date du......;
retenu par......, notaire à......, enregistré
à......., le......., par.......; 2.º par celui de
six mille francs, en date du......, retenu par
le même notaire, enregistré au même lieu
le........, par......; 3.º enfin, par une lettre
de change de dix mille francs, tirée par lui
le......, sur......, négociant à......,

A délaré qu'il était dans l'impossibilité de
faire honneur aux engagemens par lui contractés et échus depuis quelque temps; que,
désirant néanmoins se soustraire tant aux
poursuites judiciaires qu'à la contrainte par
corps, qui pourraient être exercées contre
lui à raison du défaut de paiement, il a
proposé à son créancier de lui faire l'abandon de tous ses biens, ce qui a été accepté
par le sieur Joseph Mauvezin, dénommé,
ici présent.

En conséquence, il lui a fait cession,

1.º De sa maison d'habitation, située au
lieu de........, confrontant du nord et du
levant à....., du midi et du couchant à.....,
estimée quatre mille francs.

2.º D'une pièce de terre labourable, située
à...., commune......, arrondissement.......,
confrontant du levant......., midi....., nord

et couchant......, de la contenance de....., estimée six mille francs.

3.º D'un pré situé sur les bords du ruis-seau de........, dans la commune de......., même arrondissement, confrontant du le-vant, nord et midi à....., et du couchant à...... de la contenance de......, estimé cinq mille francs.

Total : quinze mille francs.

Desquels immeubles le cessionnaire pourra jouir et disposer, à dater de ce jour, ainsi que le cédant avait droit de le faire, à la charge néanmoins d'en payer désormais les contributions.

Et quoique la valeur des objets cédés soit inférieure au montant de la créance, cepen-dant le sieur Mauvezin, au moyen de la présente cession, a déclaré le sieur François Sauveur entièrement libéré à son égard. En conséquence, il a consenti à l'annulla-tion des obligations et de la lettre de change précitées, qui demeureront comme non-avenues.

Dont acte lu aux parties.

Fait à..... le....., etc.

De l'Antichrèse.

23o. *Qu'est-ce que l'antichrèse ?*

L'antichrèse est un contrat par lequel le débiteur consent que son créancier jouisse jusqu'au remboursement définitif, de tout ou partie de l'immeuble qu'il hypothèque, pour que les fruits lui tiennent lieu des intérêts de l'argent prêté. (Art. 2085). Il n'y a que les immeubles qui puissent faire la matière de ce contrat. (Art. 2072).

23i. *Est-ce le débiteur ou le créancier qui doit payer les contributions ?*

Si les parties n'ont rien arrêté à cet égard, le créancier est tenu, dans ce cas, de payer toutes les contributions dont l'immeuble est affecté. (Art. 2086).

232. *Quelles sont les obligations du créancier ?*

Le créancier est tenu, sous peine de tous dépens, dommages et intérêts, de faire, à l'immeuble dont il est nanti, toutes les réparations utiles et nécessaires pour son entretien, sauf à lui à se prévaloir sur les fruits des dépenses qu'il aurait pu faire, relatives à ces objets; mais le créancier, à moins qu'il n'ait renoncé à ce droit, peut contraindre le débiteur à reprendre la jouissance de son immeuble, s'il veut se décharger des obligations dont on vient de parler. (Art. 2086 et 2087).

233. *Le débiteur peut-il réclamer la jouissance de l'immeuble, avant l'entier paiement de sa dette?*

En se rappelant la définition de l'antichrèse, il sera facile de conclure que le débiteur ne peut, avant l'entier paiement de sa dette, revendiquer la jouissance de l'immeuble, puisque, dans cette définition, il a été dit que le créancier en était nanti jusqu'au remboursement définitif. Ainsi, le débiteur, avant qu'il ne soit entièrement libéré, ne peut, sous aucun prétexte, réclamer cette jouissance. (Art. 2087).

234. *Le créancier devient-il propriétaire de l'immeuble, s'il n'est pas payé au terme convenu?*

Que le cas de non-paiement, au terme fixé, soit prévu; que les parties aient stipulé entr'elles, qu'à défaut de paiement l'immeuble appartiendra au créancier, la loi annulle toute convention de cette nature, et ne laisse à celui-ci que les voies légales pour se faire rembourser des sommes qui lui sont dues. (Art. 2088).

235. *Est-il de rigueur que l'immeuble doive appartenir au débiteur ?*

Il n'est pas de rigueur que l'immeuble appartienne au débiteur ; un tiers peut, à la place de celui-ci, le délivrer au créancier. (Art. 2077).

FORMULE D'ANTICHRÈSE.

ESPÈCE.

Une personne emprunte à une autre 2,000 fr. Elle promet d'en faire le remboursement dans trois ans à dater du jour du contrat. Elle hypothèque en faveur du créancier une pièce de vigne, dont elle lui transfère l'usufruit jusqu'au remboursement definitif, pour lui tenir lieu des intérêts. Les contributions et les dépenses utiles seront faites par le créancier, que le debiteur promet de rembourser.

PAR-DEVANT, etc. ,

A comparu sieur Nicolas Julien, proprié-taire, demeurant à....., commune...., canton

ton...., département......, lequel a déclaré devoir au sieur Benoît Faurin, également propriétaire, demeurant au même lieu, ici présent et acceptant,

La somme de deux mille francs, qu'il vient de lui prêter à l'instant, en numéraire, prise et vérifiée par le déclarant, au vu de nous notaire et témoins, dont quittance.

S'est obligé, le débiteur, de rembourser à son créancier, dans le délai de trois ans, à dater de ce jour, les deux mille francs mentionnés, pour la garantie desquels il a hypothéqué spécialement une pièce de vigne située à....., commune de....., arrondissement....., département...., confrontant du nord à....., du midi à..., du levant et du couchant à...., de la contenance environ de trois hectares.

De laquelle vigne le débiteur a cédé l'usufruit au créancier, pour lui tenir lieu des intérêts, jusqu'au remboursement définitif de la dette stipulée, à la charge par lui d'en acquitter désormais les contributions, et de faire les réparations utiles et nécessaires; promettant, le débiteur, de rembourser le montant des dépenses que le créancier pourra faire à cet égard.

Dont acte lu aux parties.

Fait à...., le...., etc.

Du Pignoratif.

236. *Qu'est-ce qu'un contrat Pignoratif?*

Le contrat pignoratif est celui par lequel on vend un immeuble avec faculté de rachat, et dans lequel l'acquéreur rétrocède au vendeur le même immeuble à titre de bail à ferme : d'après cette définition, ce contrat est composé de deux autres ; de la vente et du bail à ferme.

237. *Autrefois on pouvait, dans le contrat pignoratif, i limiter la faculté de réméré; en est-il de même d'après les lois nouvelles ?*

Les principes des lois nouvelles sont, sur cette matière, bien différens de ceux des anciennes : d'après ces dernières, on pouvait, dans une vente, illimiter la faculté de réméré, et l'action du vendeur ne se prescrivait qu'au bout de trente ans. Il en est autrement aujourd'hui : cette faculté, même du consentement des parties, ne peut être stipulée que pour l'espace de cinq ans. (Réponse 198).

238. *Quelle différence y a-t-il entre le contrat pignoratif et l'antichrèse?*

Il y en a deux bien marquantes : dans l'antichrèse, c'est le créancier qui jouit de l'immeuble, pour être dédommagé des intérêts ; tandis que dans le contrat pignoratif c'est, au contraire, le débiteur qui jouit de son propre bien à titre de bail à ferme.

Ensuite, dans l'antichrèse, si l'immeuble donné au créancier vient à dépérir, le débiteur n'est point libéré, au lieu qu'il l'est dans le contrat pignoratif, puisque c'est une véritable vente.

239. *L'effet de ces deux contrats est-il le même?*

Ces deux contrats n'ont été inventés que pour assurer aux créanciers les intérêts des sommes qu'ils ont prêtées à leurs débiteurs : ils opèrent, l'un et l'autre, ce résultat ; leur effet est donc le même.

FORMULE DU PIGNORATIF.

ESPÈCE.

Une personne vend à une autre un pré : elle se réserve la faculté de pouvoir le racheter pendant l'espace de cinq ans : le prix est payé comptant : l'acquéreur rétrocède au vendeur l'objet vendu à titre de bail à ferme, jusqu'à l'époque où il exercera le droit réservé, ou jusqu'à ce que le délai fixé soit expiré. Les contributions sont à la charge de l'acquéreur

PAR-DEVANT, etc.,

A comparu sieur Mathieu Pralé, propriétaire, demeurant au lieu de...., commune...., canton de....., département.....;

Lequel a vendu, sous la garantie de fait et de droit,

A sieur George Draque, agriculteur, demeurant au même lieu, ici présent et acceptant,

Un pré, à lui appartenant, situé à......, commune......, arrondissement et département......, confrontant du nord à......, du midi à....., du levant à....., et du couchant à....., de la contenance environ de quatre hectares, sans que, dans aucun cas, l'acquéreur ni le vendeur puissent se demander respectivement compte du plus ou moins. L'acquéreur pourra disposer et jouir, dès ce moment, de l'immeuble vendu, ainsi que le vendeur avait droit de le faire, à la charge d'en payer désormais les contributions.

Cette vente a été consentie moyennant la somme de quatre mille francs, comptée en numéraire par l'acquéreur, prise et vérifiée par le vendeur, au vu de nous notaire et témoins, dont quittance.

S'est réservé, le vendeur, en remboursant à l'acquéreur les quatre mille francs et les frais que la présente vente aura occasionnés, de pouvoir rentrer, dans l'espace de cinq ans , à dater de ce jour , dans le pré vendu , sans autre formalité que celle d'un simple commandement : lequel pré a été rétrocédé par l'acquéreur au vendeur, à titre de bail à ferme, moyennant trois cents francs par an , qui seront payés le......

de chaque année. Les impositions seront acquittées par l'acquéreur.

Ce bail illimité, finira de droit lorsque le vendeur rentrera dans l'immeuble aliéné, ou lorsque le délai fixé pour exercer cette faculté, sera expiré.

Dont acte lu aux parties.

Fait à........, le......., etc.

CHAPITRE IV.

Bail à Loyer, Bail à Ferme, Baux à Cheptel, Bail à moitié Fruits, Devis et Marchés.

Du Louage.

240. *Combien y a - t - il de sortes de louage ?*

Deux : celui des choses et celui d'ouvrage. (Art. 1708).

241. *Qu'est - ce que le louage des choses ?*

Le louage des choses est un contrat par lequel l'une des parties s'oblige à faire jouir l'autre d'une chose, pendant un certain temps, moyennant un certain prix. (Art. 1709).

242. *Qu'est - ce que le louage d'ouvrage ?*

Le louage d'ouvrage est un contrat par lequel l'une des parties s'engage à faire quel-

que chose pour l'autre, moyennant un prix
convenu entr'elles. (Art. 1710).

243. *Ces deux genres de louage se subdi-
visent-ils en plusieurs espèces particulières ?*

Oui : il y a bail à loyer, bail à ferme,
bail à cheptel, devis et marchés. (Art. 1711).

Du Bail à Loyer.

244. *Qu'est-ce qu'un bail à loyer ?*
C'est un contrat par lequel on loue ou
des meubles ou des maisons. (Art. 1711).

245. *De quelle manière peut-on consentir un bail à loyer ?*

Par écrit ou verbalement. (Art. 1714).

246. *Le preneur a-t-il le droit de céder
et de sous-louer ?*

Oui : à moins que dans le contrat cette
faculté ne lui ait été interdite ; cette clause
étant toujours de rigueur. (Art. 1717).

247. *Le preneur répond-il de l'incendie ?*

Oui : à moins qu'il ne prouve qu'elle est
arrivée par cas fortuit, force majeure, ou
vice de construction. (Art. 1733).

248. *De quelles pertes et dégradations
le preneur est-il tenu ?*

De toutes celles qui arrivent par le fait

des personnes de sa maison , ou de ses sous-locataires. (Art. 1735).

249. *Quelles sont les obligations du bailleur ?*

Par la nature du contrat, il est obligé, sans que pour cela il soit besoin d'une stipulation particulière, 1.º de délivrer au preneur la chose louée ; 2.º d'entretenir cette chose en état de servir à l'usage pour lequel elle a été louée ; 3.º de faire jouir paisiblement le preneur, pendant la durée du bail (Art. 1719); et jusqu'à sa fin, il doit faire les réparations nécessaires, autres que les locatives. (Art. 1720).

250. *Quelles sont les obligations du preneur ?*

Il en a deux principales, 1.º celle d'user de la chose en bon père de famille, et d'après les conditions stipulées ; 2.º celle de payer le prix du bail au terme convenu. (Art. 1728).

251. *A quelle époque le bail cesse-t-il de droit ?*

A l'expiration du terme fixé. (Art. 1737).

252. *La mort du bailleur ou du preneur résout-elle le bail ?*

Non : les droits et charges de l'un et de l'autre passent à leurs héritiers. (Art. 1742).

253. *Si le bailleur vend la chose louée ,*

l'acquéreur peut-il expulser le locataire muni d'un bail notarié ou qui a une date certaine?

Non : à moins que le bailleur ne se soit, par le contrat, réservé cette faculté. (Art. 1743).

254. *Si, lors du bail, il a été convenu qu'en cas de vente, l'acquéreur pourrait expulser le locataire, et qu'il n'ait été fait aucune stipulation sur les dommages et intérêts, de quoi le bailleur est-il tenu envers le preneur?*

S'il s'agit d'une maison, appartement ou boutique, le bailleur paie, à titre de dommages et intérêts, au locataire évincé, une somme égale au prix du loyer, pendant le temps qui, suivant l'usage des lieux, est accordé entre le congé et la sortie.

S'il s'agit des biens ruraux, l'indemnité que le bailleur doit payer, est du tiers du prix du bail, pour tout le temps qui reste à courir. (Art. 1745 et 1746).

155 *De quoi est tenu l'acquéreur à l'égard du preneur, lorsqu'il veut user de la faculté réservée par le bail de l'expulser?*

Le locataire doit être averti par lui au temps d'avance usité pour les congés, et le fermier des biens ruraux, au moins un an à l'avance. (Art. 1748).

256. *Peut-on expulser le locataire avant qu'il ne soit payé des dommages et intérêts dont on vient de parler?*

Non. (Art. 1749).

257. *Jusqu'à quelle époque est-il défendu à l'acquéreur, à pacte de rachat, d'user de la faculté d'expulser le preneur?*

Jusqu'à ce qu'il devienne propriétaire incommutable par l'expiration du délai fixé pour le réméré. (Art. 1751).

Du Bail à Ferme.

258. *Qu'est-ce que le bail à ferme?*

C'est un contrat par lequel on afferme des héritages ruraux (Art. 1711). Il est régi par les règles du bail à loyer.

259. *A défaut de paiement de sa part, le preneur peut-il se soumettre à la contrainte par corps, et le notaire peut-il l'insérer dans l'acte?*

Une telle clause peut être stipulée dans le bail à ferme; l'intérêt public l'a exigé, aussi la loi a-t-elle consigné cette faculté dans l'article (2062).

260. *Pour combien de temps peut-on affermer des biens ruraux?*

Autrefois on ne pouvait affermer pour plus de neuf ans ; après ce terme, le contrat changait de nature ; mais aujourd'hui les lois nouvelles ne prohibent pas un délai plus long.

FORMULE D'UN BAIL A LOYER.

PAR-DEVANT, etc.,

A comparu sieur Blaise Carle, négociant, demeurant dans la ville de..., rue...., n°...,

Lequel a donné, à titre de bail à loyer,

Au sieur Benoît Las, propriétaire, demeurant au lieu de..., commune..., canton..., département....., ici présent et acceptant,

Une maison située dans la ville de........., rue....., n.°......, consistant en deux belles pièces au rez-de-chaussée, allée au milieu ; de trois pièces au premier étage, même répétition au second, grenier au-dessus et cave au-dessous ; confrontant du levant à..., midi à....., du nord à....., et du couchant à......

Il a été arrêté,

1.º Que les réparations en tout genre, même les locatives, seront, pendant la durée du bail, à la charge du bailleur, à moins que celui-ci ne constate qu'elles sont nécessitées par le fait ou la négligence du preneur, qui alors sera tenu de les faire faire à ses frais;

2.º Que la maison pourra, pendant la durée du bail, être vendue par le bailleur, à la charge, par celui-ci, d'indemniser le preneur, conformément à ce que la loi prescrit à cet égard;

3.º Que le preneur ne pourra, sous aucun prétexte, sous-louer; qu'il ne pourra pas même la faire habiter par d'autres personnes que lui, sa femme, ses enfans et ses domestiques;

4.º Que les impositions seront à la charge du bailleur;

5.º Que les détériorations seront à la charge du preneur;

6.º Enfin, que le bail durera pendant quatre années révolues, qui auront cours le deux vendémiaire prochain; que pendant ce temps-là, le preneur pourra jouir de la maison comme si elle lui appartenait, en y apportant néanmoins les soins d'un bon père de famille ; et que, de son côté, le bailleur ne le troublera point dans cette jouissance.

Ont reconnu, les parties, qu'il n'y a dans la maison aucune espèce de meubles ni effets mobiliers quelconques.

Ce bail a été consenti moyennant trois cents francs par an, paiables d'avance en deux paiemens égaux ; le premier, le deux..., et le second, le deux..... de chaque année.

Pour garantir au bailleur le paiement du montant du loyer stipulé, le preneur a spécialement hypothéqué en sa faveur sa maison d'habitation.

Dont acte lu aux comparans.

Fait à......., le......., etc.

FORMULE D'UN BAIL A FERME.

PAR-DEVANT, etc.,

A comparu sieur Jean Marcias, propriétaire, demeurant à....., commune....., canton..., département....;

Lequel a donné, à titre de bail à ferme,

Au sieur Mathieu Fourcès, agriculteur,

demeurant au même lieu , ici présent et acceptant,

Le domaine de Lassorre , situé à........, commune de......., canton......, arrondisse-ment...., département de...., consistant en maison pour le colon , grange , chai, four, puits , étables, prés, vignes et terres labou-rables , sans exception ni réserve, telle enfin qu'il la jouit actuellement.

Ont arrêté , les parties ,

1.º Que le preneur fera cultiver les terres, vignes et prés, dans les saisons convenables.

2.º Qu'il ne pourra couper au pied , aucun arbre verd ni sec ; qu'il pourra seulement les émonder à l'époque habituée ; qu'il en sera de même pour les haies qui bordent les pièces.

3.º Qu'il ne pourra point changer la cul-ture des terres , sous peine de deux cents francs par chaque contravention , exigibles à l'instant même.

4.º Que les prés ne pourront être défrichés sous aucun prétexte.

5.º Que le vendeur sera tenu de faire aux édifices toutes les réparations, à moins que celui-ci ne constate que les détériorations dérivent uniquement de la faute du pre-neur.

6.º Que les impositions seront à la charge du bailleur.

7.º Que le capital des bestiaux sera évalué le jour où le bail commencera à courir; et qu'à sa fin, le preneur sera tenu de représenter ce capital, dont l'excédant sera à son bénéfice, et le déficit à sa charge.

8.º Que le bail durera pendant six années consécutives, qui commenceront le....

9.º Que pendant ce laps de temps, le bailleur n'inquiétera pas le preneur dans sa jouissance, et que celui-ci jouira du tout en bon père de famille.

Ce bail a été consenti moyennant douze cents francs, paiables en deux paiemens égaux et d'avance; le premier échoira le deux...., et le second, le deux.... de chaque année. Le preneur s'est soumis à la contrainte par corps, en cas d'inexécution ou de retard de paiement, pour la sureté duquel il a spécialement hypothéqué sa maison d'habitation déjà désignée.

Dont acte lu aux parties.

Fait à......., le......., etc.

Du

Du Bail à Cheptel.

261. *Qu'est-ce que le bail à cheptel ?*

Le bail à cheptel est un contrat par lequel l'une des parties donne à l'autre un fonds de bétail pour le garder et le nourrir, sous les conditions convenues entr'elles. (Article 1800).

262. *Y a-t-il plusieurs sortes de cheptel ?*

Oui : il y a, 1.º le cheptel simple ; 2.º le cheptel à moitié ; 3.º le cheptel donné au fermier. (Art. 1801).

Du Cheptel simple.

263. *Qu'est-ce que le bail à cheptel simple ?*

C'est un contrat par lequel on donne à un autre des bestiaux à garder, nourrir et soigner, à condition que le preneur profitera de la moitié du croît , et qu'il supportera aussi la moitié de la perte. (Art. 1804).

264. *L'estimation donnée au cheptel, dans le bail, en transporte-t-elle la propriété au preneur ?*

Non : elle n'a d'autre objet que de fixer la perte ou le profit qui pourra se trouver à la fin du bail. (Art. 1805).

265. *De quels soins le preneur est-il tenu ?*

De ceux d'un bon père de famille, pour la conservation du cheptel. (Art. 1806).

266. *Les cas fortuits doivent-ils être supportés par le preneur ?*

Non : à moins qu'ils n'aient été précédés de quelque faute de sa part, sans laquelle la perte ne serait point arrivée. (Art. 1807).

267. *Qui doit supporter la perte, si le cheptel périt en entier sans la faute du preneur ?*

Le bailleur. (Art. 1810).

268. *En est-il de même si le cheptel ne périt qu'en partie ?*

Non : elle est supportée en commun, d'après le prix de l'estimation originaire, et celui de l'estimation à la fin du cheptel. (Art. 1810).

269. *Peut-on stipuler que le preneur supportera toute la perte ?*

Non (Art. 1811) : sous peine de nullité.

270. *Peut-on stipuler que le preneur supportera dans la perte une part plus grande que dans le profit, ou que le bailleur prélevera, à la fin du bail, quelque*

chose de plus que le cheptel qu'il a fourni ?

Non (Art. 1811): sous peine de nullité.

271. *De quoi profite le preneur ?*

Des laitages, du fumier et du travail des animaux. (Art. 1811).

272. *En est-il de même de la laine et du croît ?*

Non : ces objets se partagent entre le bailleur et le preneur. (Art. 1811).

273. *Le bailleur ou le preneur peut-il disposer d'une bête, soit du fonds ou du croît ?*

Sans leur consentement réciproque, l'un ou l'autre ne peuvent en disposer. (Art. 1812).

274. *Le preneur peut-il, de son autorité privée, faire tondre les animaux ?*

Il ne peut le faire sans prévenir le bailleur. (Art. 1814).

275. *A quelle époque finit le cheptel, lorsque sa durée n'est pas limitée ?*

Au bout de trois ans. (Art. 1815).

276. *Dans quel cas le bailleur peut-il en demander plutôt la résolution ?*

Dans celui où le preneur ne remplit pas ses obligations. (Art. 1816).

277. *Pourquoi, à la fin du bail, doit-il être fait une nouvelle estimation ?*

Afin que les parties puissent se rendre respectivement raison des bénéfices ou des pertes. (Art. 1817).

Du Cheptel à moitié.

278. *Qu'est-ce que le cheptel à moitié ?*

C'est une société dans laquelle chacun des contractans fournit la moitié des bestiaux qui demeurent communs pour le profit ou pour la perte. (Art. 1818).

279. *De quoi profite le preneur ?*

Ainsi que dans le cheptel, le preneur profite seul des laitages, du fumier et des travaux des bêtes. (Art. 1819).

280. *En est-il de même de la laine et du croît ?*

Non : ces objets doivent être partagés par moité. Toute stipulation contraire à cet égard est nulle, à moins que le bailleur ne soit propriétaire du domaine dont le preneur est fermier ou colon partiaire. (Art 1819). Toutes les autres règles du cheptel simple s'appliquent au cheptel à moitié. (Art. 1820).

Du Cheptel donné au Fermier.

281. *Qu'est-ce que le cheptel donné au fermier ?*

Ce cheptel est celui par lequel le pro-priétaire d'un domaine le donne à ferme , à la charge qu'à l'expiration du bail, le fermier laissera des bestiaux d'une valeur égale au prix de l'estimation de ceux qu'il aura reçus. (Art. 1821).

282. *L'estimation en transfère-t-elle la propriété au fermier ?*

Non : mais elle met les bestiaux à ses périls et risques. (Art. 1822).

283. *A qui appartiennent les profits ?*

A moins qu'il n'y ait stipulation contraire, ils appartiennent aux fermiers. (Art. 1823).

284. *A quel usage doit être employé le fumier ?*

Il ne doit pas tourner au profit person-nel des preneurs , il doit être uniquement employé à l'engrais des terres du domaine (Art. 1824).

285. *Qui doit supporter la perte des bestiaux ?*

Soit qu'elle arrive par cas fortuit, ou au-trement, le fermier doit la supporter en to-talité , à moins qu'il n'y ait stipulation con-traire. (Art. 1825).

286. *Le fermier , à la fin du bail , peut-il retenir le cheptel en remboursant le prix originaire ?*

Non : il doit en laisser un de pareille valeur ; l'excédant lui appartient, mais il est tenu du déficit. (Art. 1826).

Du Bail à moitié Fruits.

287. *Qu'est-ce que le bail à moitié fruits?*

C'est celui par lequel un propriétaire donne un domaine, un champ, etc., pour le cultiver, et dont les fruits sont partagés entre lui et le colon partiaire.

Ce contrat est susceptible de toute espèce de conventions.

FORMULE

Du Bail à Cheptel simple.

PAR-DEVANT, etc.,

A comparu sieur Michel Lanoye, propriétaire, demeurant à....., commune....., canton....., département..... ;

Lequel a donné, à titre de bail à cheptel,

Au sieur Jean Laborde, agriculteur, demeurant au même lieu, ici présent et acceptant,

Un capital de bestiaux consistant ;

1.º En deux vaches laitières, estimées, les deux, six cents francs.

2.º Deux bœufs, estimés huit cents francs.

3.º Trois genisses, estimées cinq cents francs.

4.º Dix moutons et vingt brebis, estimé le tout, trois cents francs.

TOTAL, deux mille cent francs.

Lequel capital le preneur a déclaré être chez lui depuis hier, tel qu'il vient d'être désigné.

Ont arrêté, les comparans,

1.º Que le preneur sera tenu de nourrir, héberger et soigner, à ses frais, les animaux dont il vient d'être parlé.

2.º Que pour le dédommager des peines qu'il pourra prendre, il profitera en seul des laitages, du fumier et du travail du bétail.

3.º Que le preneur ne pourra vendre ni échanger aucune bête sans le consentement, par écrit, du bailleur, sous peine de tous dépens, dommages et intérêts.

4.º Que le preneur ne pourra tondre les bêtes à laine, dans la saison accoutumée, sans en prévenir le bailleur, sous peine de dix francs par chaque tête.

5.º Que la laine, ainsi que le croît des

animaux, seront partagés par moitié entre le preneur et le bailleur; le tout à la fin de chaque année, et non plutôt, à moins que l'un et l'autre n'y consentent.

6.º Que si quelque bête vient à mourir par la faute du preneur ou par quelqu'autre accident provenant de sa négligence, il sera tenu de la remplacer à ses frais.

7.º Mais, que si la perte arrive par cas fortuit ou quelqu'autre événement que le preneur ne pouvait ni prévoir ni empêcher, alors elle sera supportée par égales portions.

8.º Que le présent bail, qui a commencé depuis hier, durera pendant trois années non-interrompues.

9.º Qu'à son expiration, il sera procédé, par des experts nommés par les parties, à l'estimation de tous les animaux existans; que le croît sera partagé par égales portions, entre le bailleur et le preneur, et que les pertes seront supportées de la même manière.

Dont acte lu aux comparans.

Fait à......, le......., etc.

Nota. On a cru inutile de donner des formules du Cheptel à moitié et du Cheptel donné au fermier ; le premier rentre dans le bail d'un domaine à moitié fruits, et le second dans le bail à ferme. Le lecteur pourra avoir recours à l'un et à l'autre.

FORMULE

D'un Bail à moitié fruits.

~~~~~~~~~~

Par-devant, etc.,

A comparu Jean Melin, propriétaire, demeurant à....., commune....., canton....., département de..... ;

Lequel a donné à titre de bail à moitié fruits,

Au sieur Michel Lasault, agriculteur, demeurant au même lieu, ici présent et acceptant,

Le domaine de....., consistant en maison pour le colon, grange, four, puits, étables, prés, vignes et terres labourables , pour l'espace d'une année , qui commencera le quatre..... prochain.

Ont arrêté, les parties ;

1.º Que le preneur sera obligé de demeurer dans la maison du domaine; de labourer les terres qui en dépendent, jusqu'à cinq ou six labeurs au moins; de les ensemencer; de soigner les blés, seigles et menus grains; de les ramasser; de les dépiquer,
~~~~~~~~~~

vaner, cribler, pour le tout être partagé de la manière dont il sera parlé ci - après.

2.º Que le preneur sera tenu de donner aux vignes toutes les façons convenables ; de ramasser la vendange, pour être partagée par moitié.

3.º Que les prés seront fauchés, dans la saison ordinaire, par le preneur ; que le foin sera enfermé par lui, et qu'il le fera manger au bétail, en bon ménager.

4.º Que les pailles provenant de la récolte, serviront également à la nourriture des bestiaux ; et que dans le cas qu'elles, ainsi que le foin, ne fussent pas assez abondantes pour suffire à leur entretien, le supplément sera fourni à frais communs.

5.º Que tout le fumier qui sera fait, sera destiné à l'engrais des terres, sans que le preneur puisse le faire servir à d'autre usage, sous quel prétexte que ce soit.

6.º Que le preneur ne pourra couper au pied aucun arbre verd ni sec, sans le consentement du bailleur ; mais qu'il émondera ceux qui ont coutume de l'être ; et que le fagot qui en proviendra, sera partagé par moitié, après en avoir préalablement soustrait les barres des aubiers nécessaires à échalasser les vignes.

7.º Que l'émondage des peupliers situés dans le pré appelé....., sera fait par le preneur, et que le produit sera partagé par moitié entre le preneur et le bailleur.

8.º Que le preneur sera tenu de recurer les fossés et les ruisseaux.

9.º Que le preneur ne pourra faire aucun charroi pour qui que ce soit, sans le consentement du bailleur ; mais qu'il fera tous ceux qu'il lui ordonnera ; qu'il ne pourra labourer des terres étrangères sans le même consentement.

10.º Que si le cas arrivait qu'il y eût de la paille ou du foin au - delà de ce qui est nécessaire pour nourrir les bestiaux, le surplus ne pourra être vendu sans la permission du bailleur, et alors le produit sera partagé par moitié.

11.º Que la semence en blé et seigle sera fournie par le bailleur, qui, lors de la moisson, la prélevera et lui appartiendra à la fin du bail.

12.º Que lorsque la récolte en blé et seigle sera sur l'aire, prête à être partagée, le bailleur prendra le dixième de la récolte; que le restant des grains sera partagé par moitié, et que la portion du bailleur sera franche et quitte de tous frais.

13.º Que le bénéfice sur les bestiaux sera partagé par moitié ; que la perte sera supportée de la même manière , à moins qu'elle ne fût la suite du dol ou faute du preneur ou de ceux qu'il pourra commettre ; que, dans ce cas, elle sera à la charge du preneur.

14.º Que le bétail sera estimé lors de l'entrée en jouissance, par des experts nommés par les parties ; que le preneur remboursera au bailleur la moitié de cette estimation , moyennant ce , il acquerra la propriété de la moitié des bestiaux ; qu'il en sera de même de la charrette et outils aratoires , qui seront en outre entretenus aux frais du preneur ; qu'il sera loisible au bailleur , ou de partager en nature les objets compris dans le présent article , ou d'en payer à la fin du bail le montant en numéraire, au preneur , à dire d'experts.

15.º Que le médecin vétérinaire sera payé par le preneur.

Dont acte lu aux parties.

Fait à...., le...., etc.

Des Devis et Marchés.

288. *Qu'est-ce qu'un marché ?*

C'est un contrat par lequel un ouvrier

s'engage à faire un ouvrage, moyennant un certain prix.

On peut, dans ce contrat, stipuler que l'ouvrier fournira les matières premières dont le montant doit être évalué dans l'acte.

289. *Qu'est-ce qu'un devis ?*

C'est une déclaration en détail que donne un ouvrier, contenant, 1.º la qualité, l'ordre et la disposition de quelque ouvrage ; 2.º les matériaux, leur quantité et leur prix ; 3.º les frais qu'il faut faire pour les mettre en état.

290. *Le maître peut-il, quoique l'ouvrage soit commencé, résilier un marché ?*

Il n'y a pas de doute, mais alors il doit dédommager l'entrepreneur de toutes ses dépenses, de ses travaux, et de tout ce qu'il aurait pu gagner dans son entreprise. (Article 1794).

291. *La mort de l'architecte, de l'entrepreneur ou de l'ouvrier, résout-elle ce contrat ?*

Oui. (Art. 1795).

292. *Dans ce cas, de quoi est tenu le propriétaire ?*

De payer, à leur succession, en proportion du prix porté dans leurs conventions, la valeur des ouvrages faits, et celle des matériaux préparés, lorsqu'ils peuvent lui être utiles. (Art. 1796).

FORMULE D'UN MARCHÉ.

PAR-DEVANT, etc.,

A comparu sieur Michel Lafage, maçon, pourvu de sa patente, en date du..., n.º..., ...ᵉ classe, qui lui a été délivrée par le maire de sa commune, demeurant dans la ville de.... ;

Lequel s'est obligé envers le sieur Laurens Lagarde, propriétaire, demeurant à....., commune...., canton....., département...., ici présent et acceptant,

1.º De construire au lieu de..., une maison, conformément au devis qu'il a dressé et qui a été approuvé par le sieur l'Anglade, lequel devis nous a été remis pour demeurer annexé au présent acte, après que les parties l'ont eu préalablement contre-signé à la marge, pour ne varier.

2.º De faire tous les ouvrages de menuiserie, vitrerie, serrurie, couverture et toiture, charpenterie, carrelement, plâtrerie , et généralement tous ceux qui sont portés dans le devis , et nécessaires pour l'entière perfection de la maison , qui devra être totalement parachevée dans le délai de deux ans ; et alors les comparans nommeront deux experts, qui décideront si le devis a été exécuté ; dans le cas contraire , ils fixeront les dédommagemens dont l'entrepreneur sera redevable envers le sieur Lagarde.

Les matériaux en tout genre , nécessaires à la confection de l'objet entrepris, et qui seront fournis par l'entrepreneur, ont été estimés douze mille francs.

Ce marché a été fait pour la somme de six mille francs, qui jointe aux douze mille francs , montant des matériaux , forme celle de dix-huit mille francs , en déduction de laquelle le sieur Lagarde a compté, à l'instant, à l'entrepreneur, six mille francs en numéraire , pris et vérifiés par ce dernier, au vu de nous notaire et témoins, dont quittance.

Et quant aux douze mille francs restans, ils seront payés à l'entrepreneur , savoir: la moitié dans un an , à compter d'aujourd'hui; et l'autre , lorsque la construction de la maison sera entièrement finie et agréée par les experts , dont la nomination a été déjà convenue entre les parties, qui ont enfin arrêté entr'elles que ces mêmes experts détermineront également les dédommagemens auxquels l'entrepreneur sera sujet; si dans le délai prescrit il n'a pas satisfait à toutes ses obligations , n'importe la cause du retard , et dans le cas que les experts soient discordans dans leur dire , ils en nommeront un troisième.

Dont acte lu aux comparans.

Fait à....... le...... etc.

———

CHAPITRE

CHAPITRE V.

*De la Rente viagère, de la Rente
constituée, du Titre nouvel, de
l'inscription hypothécaire et de sa radiation, de l'Autorisation donnée
par un mari à sa femme.*

De la Rente viagère.

293. *Qu'est-ce qu'une rente viagère?*

Pour résoudre cette question, il faut d'abord définir séparément les mots *rente* et *viagère*.

La *rente* est un *revenu annuel.*

L'expression *viagère*, prise isolément, signifie *pendant la vie.*

Ainsi, la *rente viagère* est un *revenu an-nuel*, perçu pendant la vie de celui au profit de qui il est constitué.

294. *De combien de manières peut-on constituer cette rente?*

De deux, 1.º à titre gratuit ; 2.º à titre onéreux. (Art. 1968--1969).

295. *Qu'est-ce qu'une rente viagère créée à titre gratuit ?*

C'est une pure libéralité exercée par celui qui l'a crée ; elle peut être faite par donation entre-vifs et par acte testamentaire. (Art. 1969).

296. *Qu'est-ce qu'une rente viagère créée à titre onéreux ?*

La rente viagère créée à ce titre, est celle qui est constituée sur la tête d'une personne, qui, à son tour, aliène ou un immeuble, ou une chose mobilière. (Art. 1968).

297. *Peut-on créer une rente viagère sur la tête de plusieurs personnes ?*

Il n'y a pas de doute. (Art. 1972).

298. *La rente viagère peut-elle être créée sur la tête d'une tierce personne, quoique le prix en soit fourni par une autre ?*

Un contrat de cette nature est non seulement permis, mais encore affranchi des formalités voulues pour les donations, malgré qu'il comporte avec lui le caractère d'une disposition gratuite. (Art. 1973).

299. *Le taux de cette rente est-il déterminé par les nouvelles lois ?*

Non : elles l'ont laissé à la volonté des parties. (Art. 1976).

300. *Quel est l'effet de ce contrat entre les parties ?*

Il donne, 1.º la faculté à celui au profit de qui la rente est constituée, d'en demander la résiliation, si celui qui la créée ne lui donne point les suretés convenables pour son exécution ; faculté qui ne lui est point accordée par le défaut de paiement des arrérages de la rente, parcequ'il n'a, dans ce cas là, que le droit de saisir et de faire vendre les biens de son débiteur, jusques à concurrence des arrérages dus.

2.º L'effet de ce contrat, à l'égard du constituant, consiste à ce qu'il ne puisse se libérer du paiement de la rente en offrant de rembourser le capital ; il est tenu de la payer pendant la vie non civile mais naturelle, de celui au profit de qui elle est constituée. (Art. 1977--1978--1979).

FORMULE DE RENTE VIAGÈRE.

ESPÈCE.

Une personne aliène, en faveur d'une autre, 5,000 fr., moyennant une pension annuelle et viagère de 600 francs, sans retenue, paiable d'avance, de six en six mois, en deux paiemens égaux. On hypothèque spécialement une maison située dans la ville de...

PAR-DEVANT, etc.,

A comparu sieur Baptiste Mingile, propriétaire, demeurant à....., commune....., canton...., département....,

Lequel a aliéné, en faveur du sieur Bengale aîné, négociant, demeurant dans la ville de...., ici présent et acceptant,

La somme de cinq mille francs, qui a été à l'instant comptée en numéraire à l'acquéreur, qui l'a prise et vérifiée au vu de nous notaire et témoins, dont quittance.

Cette aliénation a été faite pour une rente annuelle de 600 fr., sans retenue, que le sieur Bengale s'est obligé de payer au sieur Mingile, pendant la vie de ce dernier, en deux paiemens égaux, de six en six mois et d'avance. En conséquence, le premier semestre lui a été compté en numéraire, pris et vérifié au vu de nous notaire et témoins, dont quittance; le second échoira le......, il en sera de même chaque année....

Et pour la garantie du paiement de cette rente aux époques déterminées, le débiteur a spécialement hypothéqué sa maison d'habitation.....

Dont acte lu aux parties.

Fait à....., le....., etc.

De la Rente constituée.

301 *Qu'est-ce qu'une rente constituée?*

C'est un contrat par lequel celui qui emprunte une somme quelconque, vend et constitue sur lui une rente à perpétuité et annuelle, au profit de celui qui lui prête. (Art. 1909).

302. *Quelles sont les conditions essentielles de ce contrat?*

Il faut, 1.º que le principal soit aliéné; 2.º que le taux de la rente soit stipulé; 3.º enfin, que cette rente soit perpétuellement rachetable. (Art. 1911).

303. *Le taux de la rente constituée ʌ-il déterminé par les nouvelles lois ?*

Il en est de celui-là comme de celui de la rente viagère; les lois nouvelles laissent également aux parties la faculté de le régler.

304. *Les parties peuvent-elles stipuler que le rachat ne pourra être fait qu'à l'expiration du délai fixé ? Quel est le maximum de ce délai, lorsque la rente a été constituée pour un objet mobilier ?*

Pourvu que ce délai n'excède pas dix ans; les parties peuvent convenir que le rachat ne pourra point avoir lieu avant ce terme; elles peuvent encore arrêter que ce rachat n'aura lieu qu'autant que le créancier aura été averti au terme d'avance, déterminé entr'elles. (Art. 1911). Mais si la rente, a été établie à perpétuité, pour le prix d'un immeuble, ou comme condition de la cession à titre onéreux, ou gratuit d'un fonds immobilier, alors on peut stipuler qu'elle ne pourra être remboursée qu'après un terme qui ne peut excéder trente ans (Art. 530).

305. *N'y a-t-il pas des cas où le débiteur peut être contraint au rachat ?*

Si le débiteur ne remplit pas, pendant deux années consécutives, ses obligations, ou s'il manque a fournir au prêteur les suretés promises par le contrat, alors le créancier peut le contrainde au rachat de la rente. (Art. 1912).

306. *Y a-t-il quelque analogie entre le contrat de vente et celui de la rente constituée ?*

Il y a, entre ces deux contrats, une si grande affinité, qu'ils ont, l'un et l'autre, le même caractère ; c'est d'autant plus vrai, que leur essence requiert, 1.º le consentement des parties ; 2.º l'aliénation de l'objet ; 3.º son prix.

307. *Malgré leur ressemblance, y a-t il entr'eux quelque différence ?*

Il y en a une dans les effets. La vente ne peut être résiliée sans le consentement mutuel des parties, tandis qu'un contrat de rente constituée peut être résolu par le débiteur, en remboursant le capital au créancier.

FORMULE

D'une Rente constituée

~~~~~~~~~

ESPÈCE.

Une personne crée à perpétuité une rente annuelle de 1,000 francs, sans retenue, en faveur d'une autre, paiable en deux paiemens égaux et d'avance, moyennant 10,000 francs : elle hypothèque son domaine de......

PAR-DEVANT, etc.,

A comparu le sieur Michel Lafage, propriétaire, demeurant à......, commune......, canton......, département..... ;

Lequel a aliéné en faveur de sieur François Lanuce, négociant, demeurant dans la ville de....., ici présent et acceptant,

La somme de dix mille francs, qui a été à l'instant comptée à ce dernier, en numéraire, prise et vérifiée au vu de nous notaire et témoins, dont quittance.
~~~~~~~~~

Cette aliénation a été faite pour une rente perpétuelle et annuelle de mille francs, sans retenue, qui sera payée par le sieur Lanuce au sieur Lafage, ou à ses héritiers, jusqu'au remboursement du capital, en deux paiemens égaux, de six en six mois et d'avance; savoir : le premier, le......., et le second, le......... de chaque année. En conséquence, le premier semestre a été compté, en numéraire, au sieur Lafage, qui l'a pris et vérifié au vu de nous notaire et témoins, dont quittance.

Et pour la garantie tant du capital que du paiement de cette rente aux époques arrêtées, le sieur Lanuce a spécialement hypothéqué son domaine de....., situé à....

Dont acte lu aux parties.

Fait à...., le...., etc.

Du Titre nouvel.

308. *Qu'est-ce que le titre nouvel?*

Le titre nouvel est un acte qui contient une nouvelle reconnaissance de la part du débiteur ou de ses héritiers : il ne doit sa naissance qu'à la prescription.

309. *Quelle est la nature du titre nouvel?*

Elle consiste à dénoter purement et simplement, ce qui a été fait, et à confirmer le contrat.

FORMULE DU TITRE NOUVEL.

ESPÈCE.

Une personne qui avait créé sur elle une rente à perpétuité et annuelle, moyennant l'aliénation d'un certain capital, meurt, et laisse pour son seul héritier son neveu, qui, en sa qualité, renouvelle en faveur du créancier de cette rente, le titre constitutif.

PAR-DEVANT, etc.,

A comparu sieur Jean Lafon, propriétaire, demeurant à..., commune..., canton..., département... ;

Lequel a dit : que feu sieur Benoît Lafon, propriétaire, dont il est l'héritier universel, d'après le testament public de celui-ci, en date du....., retenu par....., notaire à..... ; enregistré le...., par.....,

Avait constitué en faveur du sieur Pierre

Marches, propriétaire, demeurant à...., une rente perpétuelle et annuelle de la somme de douze cents francs, sans retenue, et paiable le..... et le.... de chaque année, moyennant l'aliénation de vingt-quatre mille francs que ce dernier fit en sa faveur ; le tout mentionné dans l'acte du...., retenu par..., notaire à..., enregistré à...., le...., par....

De laquelle rente le comparant a déclaré, en sa qualité d'héritier, faire son propre fait : en conséquence, il s'est obligé envers le sieur Pierre Marches, ici présent et acceptant, non-seulement de lui payer aux termes convenus la rente stipulée dans l'acte précité ; mais encore de se conformer à toutes les dispositions qu'il peut contenir ; hypothéquant spécialement, à cet effet, son domaine de...., situé à.....

Dont acte lu aux parties.

Fait à......, le........ , etc.

De l'Inscription hypothécaire et de sa radiation.

310. *Comment s'opèrent l'inscription et la radiation ?*

Cette question, vaste par elle-même, sera dans sa solution réduite à ce qui concerne uniquement les actes notariés en vertu desquels il est procédé à l'inscription et à la radiation.

Pour opérer l'inscription, il faut que le créancier ou celui qui agit pour lui, présente au conservateur des hypothèques de l'arrondissement où les biens sont situés, l'expédition authentique de l'acte qui donne naissance au privilége ou à l'hypothéque. (Article 2148). Cette formalité remplie, le conservateur opére l'inscription sur ses registres. (Art. 2150).

Pour en opérer la radiation, il faut que le débiteur, ou ceux qui la requièrent, déposent au bureau du conservateur l'expédition authentique portant consentement.

La fin de la formule, page 63, indiquera au lecteur de quelle manière ce consentement doit étre rédigé.

De l'autorisation donnée par un mari à sa femme.

311. *Qu'est-ce que l'autorisation donnée par un mari à sa femme ?*

C'est une déclaration dans laquelle un mari consent à ce que sa femme contracte et exécute tout ce qui est porté dans l'acte d'autorisation.

FORMULE.

ESPÈCE.

Un mari aurorise sa femme à donner, par acte entre-vifs, en propriété et jouissance, à une de ses nièces, une maison à elle appartenant, située à.....

PAR-DEVANT, etc.,

A comparu sieur Michel Lasalle, médecin, demeurant à...., commune...., canton....., département.... ;

Lequel a autorisé Laure-Elisabeth Lacroix-Lasalle, son épouse, actuellement à Bayonne, à disposer, par acte entre-vifs, en propriété et jouissance, en faveur de demoiselle Lacroix, sa nièce, demeurant à....

D'une maison non meublée, située à...., à elle appartenant, et non comprise dans sa constitution dotale, de laquelle le donataire

pourra jouir et disposer à son gré , du moment que la donation lui sera consentie ;
renonçant à la jouissance de cette maison ,
à laquelle il aurait eu des droits , s'il avait
survécu à son épouse , conformément au
don mutuel de tous les biens du prémourant,
contenu dans son contrat de mariage, retenu
le....., par...., notaire à...., enregistré à... ,
le...., par...,

Dont acte lu aux comparans.

Fait à..., le...., etc.

CHAPITRE VI.

Du Mandat, de la Ratification, de l'Acte de Notoriété, de la Résiliation, du Compromis, des Transactions.

Du Mandat ou Procuration.

312. *Qu'est-ce que le mandat ?*

Le mandat ou procuration est un acte par lequel une personne donne à une autre le pouvoir de faire quelque chose pour le mandant, et en son nom. (Art. 1984).

313. *De quelle manière se forme ce contrat ?*

Par l'acceptation du mandataire. (Article 1984).

314. *Comment a lieu l'acceptation ?*

L'acceptation de la part du mandataire, peut être tacite ; elle peut encore se présumer de l'exécution des pouvoirs à lui donnés par le mandant. (Art. 1985).

315. *Comment se donne le mandat?*

Le mandat peut se donner par acte public, par écrit sous seing-privé, même par lettre. (Art. 1985). Il ne sera parlé ici que du mandat notarié.

316. *Le mandat est-il gratuit?*

L'essence de la procuration est d'être gratuite ; cependant les parties peuvent stipuler une récompense en faveur du mandataire. (Art. 1986).

317. *Y a-t-il plusieurs espèces de mandats?*

Oui : il y a mandat spécial et mandat général. (Art. 1987).

318. *Qu'est-ce qu'un mandat spécial?*

Le mandat spécial ne s'étend que sur un ou plusieurs objets. (Art. 1987).

319. *Qu'est-ce qu'un mandat général?*

Le mandat général, au contraire, embrasse toutes les affaires du mandant. (Art. 1987).

320. *Le mandataire peut-il faire au-delà de ce qui est exprimé dans l'acte?*

Que la procuration soit spéciale ou générale, le mandataire ne peut, dans aucun cas, outre-passer les pouvoirs qui lui ont été conférés, et qui doivent être exprimés dans l'acte. (Art. 1989).

321.

321. *Le pouvoir de compromettre donne-t-il celui de transiger ?*

Le lecteur, pour se pénétrer de la solution de cette question, n'a qu'à faire la différence qu'il y a entre compromettre et transiger. Il pourra voir la définition de l'un et de l'autre dans les réponses 334 et 337 bis. Et dès qu'il sera fixé sur cette différence, il lui sera aisé de conclure que la loi ne donne pas le droit au mandataire de transiger, lorsqu'il n'a que celui de compromettre. (Art. 1989).

322. *Quelles sont les obligations du mandataire ?*

1.º Il est tenu de l'exécution du mandat tant qu'il en est chargé ; 2.º il répond des dommages-intérêts qui peuvent résulter de son inexécution ; 3.º il répond encore non-seulement du dol, mais encore des fautes commises dans sa gestion ; 4.º enfin, il est tenu de rendre compte et de rembourser au mandant tout ce qu'il a reçu pour lui en vertu de sa procuration, quand même ce qu'il aurait reçu n'eût point été dû au mandant. (Art. 1991--1992--1993).

323. *De quoi est tenu le mandataire, lorsqu'il confère à une tierce personne ses*

pouvoirs, dans le cas que le mandat ne lui en donne point la faculté ?

Le mandataire, dans cette hypothèse, est personnellement responsable de la tierce personne qu'il a substituée à sa place. (Art. 1994).

324. *Y a-t-il solidarité de droit entre plusieurs mandataires établis dans le même acte ?*

La solidarité ne se suppose pas, il faut qu'elle soit expressément énoncée. (Art. 1995).

325. *Si le mandataire a donné connaissance de ses pouvoirs à la partie contractante, est-il sujet à la garantie pour ce qui est fait au-delà?*

Si le mandataire, en traitant avec quelqu'un, à qui il a préalablement donné connaissance de ses pouvoirs, les outrepasse, il n'est tenu d'aucune garantie pour l'excédant ; c'est tant pis pour le contractant, à moins que le mandataire ne s'y soit soumis en son nom particulier. (Art. 1997).

326. *Quelles sont les obligations du mandant ?*

Les principales obligations du mandant, consistent, 1.º à exécuter tous les engagemens pris par le mandataire, en vertu de ses pouvoirs ; 2.º à rembourser au mandataire les frais et avances qu'il a pu faire ; 3.º à lui payer la récompense promise ; 4.º enfin, à l'indemniser dans les pertes éprouvées dans sa gestion. (Art. 1998--1999--2000).

327. *S'il y a plusieurs mandans, sont-ils solidaires entr'eux ?*

Si plusieurs personnes donnent à un mandataire des pouvoirs relatifs à une affaire qui leur soit commune, les mandans sont solidaires entr'eux. (Art. 2002).

328. *De quelles manières finit le mandat ?*

Il finit, 1.º par la révocation ; 2.º par la renonciation ; 3.º par la mort naturelle ou civile et l'interdiction du mandant ou du mandataire. (Art. 2003).

329. *Y a-t-il plusieurs manières d'opérer la révocation ?*

Il y en a deux : dans la première, on révoque tout simplement le pouvoir donné ; dans la seconde, on constitue un nouveau mandataire pour la même affaire ; dans l'un et l'autre cas, il faut que l'acte qui contient la révocation ou la création d'un nouveau fondé de pouvoirs, soit notifié au premier mandataire, qui dès ce moment-là, doit cesser ses fonctions. (Art. 2004--2006).

530. *Comment s'opère la renonciation?*

La renonciation s'opère par la déclaration que fait le mandataire, de ne vouloir ou de ne pouvoir plus continuer à remplir les vues de son mandant. (Art. 2007). L'acte de cette renonciation doit être signifié au mandant. (Même article).

Mais il y a à observer que le mandataire est tenu des indemnités envers le constituant, s'il fait cette renonciation dans un temps où les intérêts du mandant seraient compromis. (Art. 2007).

1.re FORMULE DE MANDAT.

PAR-DEVANT, etc.,

A comparu sieur Jean Bonnar, négociant, habitant à......, commune......, canton....., département...... ;

Lequel a constitué pour son mandataire spécial....., sieur Jean Lagarde...., etc.

Auquel il a donné pouvoir de vendre, en son nom, et sous la garantie de fait et de droit, une maison et ses dépendances, située

dans la ville de......, rue......, n.°......, confrontant du levant à......, du couchant à....,
du nord à......, du midi à....., de consentir
cette vente en faveur de qui il voudra, et
pour le prix qu'il jugera convenable, pourvu
qu'il soit payé au moment où l'aliénation
s'effectuera; d'en fournir quittance; promettant de ratifier tout ce que le mandataire
pourra faire en vertu du présent mandat.

Dont acte lu au comparant.

Fait à......., le......, etc.

2.ᵉ FORMULE.

Par-devant, etc. ;

A comparu sieur Benoît Barelly, propriétaire, demeurant à........., commune......,
canton......, département......;

Lequel a constitué pour son procureur-
général...., sieur Pierre Lavoire...., etc.

Auquel il a donné pouvoir,

1.° D'administrer, en son nom, tous ses
biens, par colons partiaires ou de toute autre
manière; de vendre les denrées qui en

proviendront; de faire aux édifices toutes les réparations utiles, et aux terres les améliorations nécessaires.

2.° De les affermer en tout ou en partie à telles personnes qu'il avisera, aux prix et conditions qu'il jugera convenables.

3.° De percevoir le montant des pactes stipulés; d'en fournir quittance.

4.° D'emprunter avec ou sans intérêt, soit par lettres de change, soit par obligations notariées, soit à rente constituée ou viagère, et d'hypothéquer spécialement, à la garantie du remboursement des sommes ou de la rente créée, un immeuble quelconque.

5.° De vendre, en partie ou en totalité, ses immeubles, en quoi qu'ils puissent consister, et aux prix et réserves qu'il jugera nécessaires; d'exiger que le paiement en soit fait de suite, ou bien de l'ajourner à des époques déterminées, pourvu, dans ce dernier cas, que l'acquéreur fournisse une garantie suffisante, soit par la voie d'une caution, soit par celle d'une hypothèque spéciale.

6.° D'acheter ce qu'il jugera à propos, soit comptant, soit à terme; et dans ce dernier cas, d'hypothéquer spécialement l'immeuble nouvellement acquis, ou tel autre qu'il avisera.

7.º De payer les dettes qu'il peut avoir, ainsi que celles qu'il pourrait contracter, légalement justifiées; comme aussi, de poursuivre le remboursement de ce qui peut lui être dû; dans les deux cas, d'exiger et de fournir quittance.

8.º De soutenir les procès qu'on a pu ou qu'on pourra lui susciter, et d'en intenter à son tour; à cet effet, de comparaître ou faire comparaître devant le juge-de-paix compétant, pour se concilier; dans le cas contraire, de porter l'instance devant le premier juge; d'élire domicile; de constituer tels avoués et de choisir tels défenseurs qu'il appartiendra; de poursuivre jusqu'à jugement; d'acquiescer au jugé, ou d'en appeler; et en ce dernier cas, d'obtenir arrêt définitif.

9.º De prévenir et terminer, par la voie ou de la transaction ou du compromis, les procès existans, ainsi que ceux qu'on pourrait lui susciter ou qu'il pourrait intenter lui-même.

10.º D'échanger tel ou tel immeuble qu'il croira nécessaire, contre tel ou tel autre, aux conditions qui lui paraîtront les plus convenables.

11.º D'accepter les donations qui pourraient lui être faites ; d'accepter aussi purement ou sous bénéfice d'inventaire, les successions qui pourraient lui échoir ; et dans le cas que les libéralités par actes entre-vifs ou testamentaires lui fussent faites sous des conditions trop onéreuses, de les répudier s'il le trouve à propos.

12.º D'entreprendre en seul ou en s'associant avec d'autres personnes, telle branche de commerce qui lui paraîtra la plus avantageuse ; de consentir, en cette qualité, toutes lettres de change, billets à ordre ou autres engagemens qui pourraient y être relatifs.

13.º De transmettre la totalité ou partie des présens pouvoirs, à une ou plusieurs personnes dont il aura fait choix, et de les révoquer à sa volonté.

14.º Enfin, de passer à raison de tous les pouvoirs ci-dessus stipulés, toute police, tout écrit sous signature privée, et tous actes notariés que le besoin exigera ; promettant de ratifier tout ce que le constitué pourra faire en vertu du présent mandat.

Dont acte lu au comparant.

Fait à........., le......., etc.

FORMULE DE RÉVOCATION.

PAR-DEVANT, etc.,

A comparu sieur Jean Labarthe, propriétaire, demeurant à...., commune...., canton...., département.... ;

Lequel a déclaré révoquer les pouvoirs dont il a investi le sieur......, par acte....., retenu par...., notaire à...., enregistré à...., par....; voulant que son mandataire cesse de les exercer du moment que le présent acte lui sera légalement notifié.

Dont acte lu au comparant.

Fait à...., le....., etc.

FORMULE DE RENONCIATION.

PAR-DEVANT, etc.,

A comparu sieur Joseph Langar, propriétaire, demeurant à....., commune....., canton...., département;

Lequel a déclaré renoncer, à raison de ses affaires particulières, au mandat que le sieur.... avait fait en sa faveur, par acte.....,

retenu le...., par....., notaire à....;, enregistré à...., le...., par...

Dont acte lu au comparant.
Fait à..... le....., etc.

De la Ratification.

331. *Qu'est-ce que la ratification?*
C'est l'approbation de ce qui a été fait en notre nom, par un autre. Son effet est rétro-actif, et remonte au jour du contrat qu'on a ratifié.

FORMULE DE RATIFICATION.

ESPÈCE.

Un fils ratifie un contrat de vente consenti par son père, d'une maison, sur laquelle l'un et l'autre avaient des droits communs.

PAR-DEVANT, etc.,
A comparu sieur François Canal, négo-ciant, demeurant dans la ville de..... ;
Lequel, après avoir pris lecture de l'acte du.., retenu par...., notaire à..., enregistré

à...., par lequel le sieur Michel Canal, son père, vendit une maison située à......, au sieur....., moyennant 3,000 francs, a déclaré le ratifier.

Dont acte lu au comparant.

Fait à......., le......., etc.

De l'Acte de Notoriété.

352. *Qu'est-ce qu'un acte de notoriété ?*
C'est celui par lequel deux ou plusieurs personnes certifient l'existence d'un fait.

FORMULE

D'un Acte de Notoriété.

ESPÈCE.

Quatre personnes attestent que tel... est vivant, et que depuis quatre ans il est atteint d'une attaque de goutte, qui, depuis cette époque, ne lui a pas permis de sortir de sa chambre.

PAR-DEVANT, etc.,
A comparu sieur André Lamarche, pro-

priétaire ; Michel Duros , tailleur d'habits ; Étienne Manille , agriculteur ; et Jacques Dunoix , maçon, habitans à........ , commune...., canton....., département.....;

Lesquels ont affirmé que le sieur Pierre Laroche, propriétaire , habitant au même lieu, et dont ils sont les plus près voisins , est vivant; mais que depuis environ quatre ans, il est atteint d'une attaque de goutte, et que , depuis cette époque , il n'a pu encore sortir de l'appartement qu'il occupe.

Dont acte lu aux comparans:

Fait à........, le......., etc.

De la Résiliation.

333. *Qu'est-ce que la résiliation?*

C'est un acte par lequel deux ou plusieurs personnes annullent un acte passé entr'elles.

FORMULE DE RÉSILIATION.

ESPÈCE.

*Deux personnes résilient l'acte du...
retenu par...., notaire à..., enregistré à...., le...., par...., receveur, contenant échange.*

PAR-DEVANT, etc.,

Ont comparu sieur Étienne Lacoste, propriétaire, demeurant à....., commune....,
canton..., département....., d'une part ;

Et sieur Guillaume Manzard, agriculteur,
demeurant au même lieu, d'autre part ;

Lesquels ont déclaré annuller l'acte du...,
retenu par...., notaire à....., enregistré à...,
le...., par....

Relatant l'échange que le sieur Manzard
fit d'un moulin à eau, situé à..., pour une
pièce de vigne située à......., que le sieur
Lacoste donna en contr'échange.

Dont acte lu aux parties.

Fait à...., le..., etc.

Du Compromis.

334. *Qu'est - ce que le compromis ?*

C'est une convention par laquelle les parties choisissent deux ou plusieurs personnes, au jugement desquelles elles soumettent leurs différent. On peut y stipuler que la partie qui n'acquiescera pas au jugé, sera tenue de payer à l'autre une somme déterminée.

335. *Que doivent observer les parties pour avoir le droit de faire appel d'une sentence arbitrale ?*

Conformément à la loi du 24 août 1790, elles doivent dans le compromis, non seulement se réserver la faculté d'appeler de la sentence arbitrale, mais encore désigner le tribunal devant lequel l'appel sera porté ; cependant, depuis la création des Cours d'appel, on regarde comme inutile de désigner là où l'appel sera porté, parce que les localités le déterminent.

336. *Le compromis est - il révocable ?*
Oui : jusqu'à ce que le jugement soit rendu.

337. *Les parties peuvent-elles renoncer à cette révocabilité ?*

Non : ce serait faire revivre l'arbitrage forcé (*).

FORMULE.

Par-devant, etc.,

Ont comparu sieur Guillaume Lamarque, propriétaire, demeurant à...., commune... , canton....., département....., d'une part ;

Et sieur Blaise Caprais, également propriétaire, demeurant au même lieu, d'autre part ;

Lesquels, pour terminer le procès qu'ils sont à la veille d'avoir devant le tribunal de première instance de...., relativement à...., ont choisi pour arbitres, savoir : le sieur Lamarque, M.ʳ Jean Lafont, avocat, demeurant dans cette ville, rue..., n.º... ; et le sieur Caprais, M.ʳ Pierre Benoît, également avocat, demeurant à..... ;

Auxquels ils ont donné pouvoir de prononcer sur leur différent, et de nommer en nombre impair les sur-arbitres qu'ils jugeront convenables, dans le cas qu'ils soient discordans dans leurs opinions.

(*). Il n'est pas douteux que le code judiciaire n'apporte des changemens aux principes qui régissent le compromis.

Leur jugement sera rendu dans le délai de deux mois, à compter d'aujourd'hui ; à cet effet, les comparans se sont obligés de remettre, dans le jour, à leurs arbitres respectifs, tous les titres et papiers relatifs à leurs contestations.

Il pourra être fait appel du jugement qui sera rendu ; ce droit ayant été réservé par les parties.

Dont acte lu aux comparans.
Fait à......., le......., etc.

De la Transaction.

337 bis. *Qu'est-ce qu'une transaction ?*

La transaction est un contrat par lequel les parties terminent une contestation née, ou préviennent une contestation à naître. (Art. 2044).

338. *Pour transiger, quelle capacité requiert la loi ?*

Celle de pouvoir disposer des objets compris dans la transaction. (Art. 2045).

339. *Le tuteur peut-il transiger pour le mineur ou l'interdit ?*

Oui : mais pour cela il faut, non-seulement qu'il ait obtenu l'autorisation du conseil
de

de famille, mais encore l'avis de trois juris-
consultes, que le procureur-impérial du
tribunal civil aura désigné. La transaction
ne sera valable qu'autant qu'elle aura été
homologuée par le tribunal civil, après avoir
entendu le procureur-impérial. (Art. 467
et 2045).

340. *Le tuteur peut-il transiger avec le
mineur devenu majeur, sur le compte de
tutelle ?*

Oui : mais la transaction ne sera valable
qu'autant qu'elle aura été précédée de la red-
dition d'un compte détaillé, de la remise des
pièces justificatives ; le tout constaté par un
récépissé de l'oyant compte, dix jours au
moins avant le traité. (Art. 472 et 2045).

341. *Les communes et établissemens publics peuvent-ils transiger ?*

Non : sans l'autorisation expresse du gouvernement. (Art. 2045).

342. *Peut-on transiger sur l'intérêt civil
résultant d'un délit ?*

Il n'y a pas de doute, mais la transaction
n'empêche pas la poursuite du ministère public. (Art. 2046).

343. *La clause pénale peut-elle être stipulée dans une transaction ?*

La clause pénale dont on a donné la définition dans la 94.ᵉ réponse, peut, conformément aux articles qui y sont cités, non-seulement être insérée dans un contrat, mais encore dans une transaction. (Art. 2047).

344. *Sur quoi s'étend la renonciation faite dans une transaction, à tous droits, actions et prétentions ?*

Elle n'embrasse que ceux qui sont relatifs au différent qui y a donné lieu, par la raison que les transactions se renferment dans leur objet. (Art. 2048).

345. *Quels sont les différens réglés par la transaction ?*

Soit que les parties manifestent leurs intentions par des expressions spéciales ou générales, soit que l'on reconnaisse cette intention par une suite nécessaire de ce qui est exprimé, la transaction ne règle que les différens qui s'y trouvent compris. (Article 2049).

346. *Celui qui a transigé sur un droit qu'il avait de son chef, et qui du depuis a acquis un droit semblable du chef d'une autre personne, est-il, relativement à ce dernier, lié par la transaction ?*

Non : (Art. 2050).

347. *En est-il de même, lorsqu'il y a erreur sur la personne ou sur l'objet de la contestation ?*

Dans l'hypothèse présentée, les transactions peùvent être rescindées ; le motif est
trop saillant, pour le déduire. (Art. 2053).

348. *Peut-elle être attaquée, lorsqu'il
y a dol ou violence ?*

L'affirmative n'est pas douteuse. (Article
2053). La raison est basée sur le principe
établi dans la 72.ᵉ réponse.

349. *En est-il de même, lorsqu'elle a été
faite en exécution d'un titre nul ?*

Oui : à moins que les parties n'aient expressément traité sur la nullité. (Art. 2054).

350. *La transaction sur un procès, pos-
térieure à un jugement qui l'aurait terminé,
est-elle valable ?*

Elle est nulle, si les parties, ou l'une
d'elles, n'avaient point connaissance du
jugement : mais elle est valable, si ce
jugement ignoré des parties, est susceptible
d'appel. (Art. 2056).

351. *En est-il de même, quand elle
contient une erreur de calcul ?*

Elle est valable ; mais l'erreur de calcul
doit être réparée. (Art. 2058).

352. *De quelle manière le notaire doit-il
rédiger une transaction ?*

Dans la rédaction d'une transaction, le
notaire doit expliquer succintement, mais

avec clarté, les prétentions des parties, et rédiger de même les différens points arrêtés entr'elles.

1.re FORMULE DE TRANSACTION.

ESPÈCE.

Deux personnes ont un procès devant la Cour de...., à raison d'un supplément de légitime paternelle et maternelle, demandé par l'une d'elles à l'autre, héritière de leurs père et mère communs. Elles transigent moyennant un vignoble, situé à...., cédé au réclamant, qui non-seulement déclare être entièrement rempli de ses droits, mais encore qui renonce au procès par lui intenté, lequel demeurera comme non-avenu. Les frais sont à la charge de l'héritière.

PAR-DEVANT, etc.,

Ont comparu sieur Bernard Lafon, aîné, propriétaire, demeurant au lieu de....., com-

mune......., canton......., département......,
d'une part ;

Et sieur Pierre Lafon, puîné, frère germain du comparant, également propriétaire,
demeurant à...., commune de...., canton....,
département......, d'autre part ;

Lesquels ont dit, 1.º que le sieur Pierre
Lafon avait demandé un supplément de
droits paternels et maternels au sieur Bernard
Lafon, donataire universel, par contrat de
mariage de celui-ci, en date du....., retenu
par......., notaire à......., enregistré à......,
le........, par......, receveur.

2.º Que sur cette réclamation, les parties
avaient infructueusement essayé de se concilier devant le juge-de-paix du canton de...,
ainsi que cela résulte du procès-verbal, en
date du......., enregistré à......., le.....

3.º Que sur cette non-conciliation, l'instance avait été portée devant le tribunal civil
de......., qui, par jugement du........, enregistré à........., le........., par........, avait
rejeté la demande du réclamant, et l'avait
condamné à tous les dépens.

4.º Que le sieur Pierre Lafon avait fait
appel de ce jugement devant la cour de....

5.º Dans cet état de choses, les parties
étant bien aise de terminer les différens

qui les divisent, ont transigé sur le procès mentionné, de la manière suivante :

S'est obligé, le sieur Lafon aîné, de céder, sous les garanties de fait et de droit, au sieur Lafon son frère, un vignoble situé à......, de la contenance de six hectares, confrontant du levant à......, du midi à......, du couchant à......, et du nord à....., estimé douze mille francs.

Duquel vignoble le cessionnaire pourra jouir et disposer à son gré, dès-aujourd'hui, ainsi que le cédant avait droit de le faire, à la charge de payer les contributions, à dater de ce jour.

Et moyennant la cession qui vient de lui être faite, le sieur Pierre Lafon a déclaré être entièrement rempli des droits paternels et maternels; en conséquence, il a promis de ne plus rien réclamer à cet égard, sous peine de tous dépens, et s'est désisté de l'appel du jugement de première instance, par lui fait devant la Cour de......, tous les dépens demeurant compensés.

Dont acte lu aux parties.

Fait à......, le......, etc.

2.e F O R M U L E.

E S P È C E.

Deux personnes, pour prévenir un procès qui pourrait avoir lieu, à raison des prétentions de l'une d'elles, tendantes à avoir le droit de passer à pied et à cheval, même avec bœufs et charrettes, sur un chemin appartenant à l'autre, transigent; celle à qui le chemin appartient s'oblige de payer, dans un an, sans intérêt, 200 fr. à l'autre, qui, moyennant cette somme, renonce aux droits qu'il croit avoir.

Par-devant, etc.,

Ont comparu sieur Jean Lacoste, agriculteur, demeurant à......., commune......, canton...... , département......, d'une part ;

Et sieur Michel Maval, également agriculteur, demeurant au même lieu, d'autre part.

Lesquels voulant prévenir un procès qui pourrait avoir lieu entr'eux, à raison des prétentions du sieur Maval, qui croit être

13....

fondé à passer à pied, à cheval, même avec bœufs et charrettes, sur le chemin de......, situé à......., appartenant au sieur Lacoste, droit qui résulte, ainsi qu'il l'a déclaré, d'une des clauses de l'acte de vente de....., retenu par....., notaire à....., enregistré à........, le......., par....., receveur; par lequel le sieur Lacoste vendit au comparant une pièce de terre attenant le chemin dont il est question,

Ont transigé ainsi qu'il suit :

Le sieur Maval a renoncé au droit de passage sur le chemin précité, et a déclaré s'interdire à jamais la moindre réclamation à cet égard, moyennant deux cents francs que le sieur Lacoste s'est obligé de lui payer, dans un an, à dater de ce jour, sans intérêt.

Dont acte lu aux comparans.

Fait à........ , le........, etc.

CHAPITRE VII.

De la Société, des Lettres de change, du Brevet d'Apprentissage, de l'Arrêté des comptes.

De la Société.

353. *Qu'est-ce qu'un contrat de société ?*

C'est un contrat par lequel deux ou plusieurs personnes conviennent de mettre quelque chose en commun, dans la vue de partager le bénéfice qui pourra en résulter. (Art. 1832).

354. *Y a-t-il plusieurs espèces de société ?*

Oui : il y a société universelle et société particulière. (Art. 1835). La société universelle peut comprendre, ou les biens présens, ou l'universalité de gains. (Art. 1836).

355. *Qu'est-ce qu'une société de biens présens ?*

C'est celle par laquelle plusieurs personnes mettent en commun les meubles et immeubles qu'elles possèdent actuellement, et les profits qu'elles peuvent en tirer.

Elle peut aussi comprendre toute autre espèce de gains ; mais les biens qui pourraient leur avenir par succession, legs ou donations, n'entrent dans cette société que pour la jouissance. Toute convention contraire est prohibée, sauf entre époux. (Art. 1837).

356. *Qu'est-ce qu'une société universelle de gains ?*

C'est celle qui embrasse tout ce que les associés acquerront par leur industrie, à quelque titre que ce soit, pendant le cours de la société ; leurs meubles y sont aussi compris. Il n'en est pas de même de leurs immeubles : ceux-ci n'y entrent que pour la jouissance. (Art. 1838).

357. *Quelle différence y a-t-il entre la société de biens présens et la société universelle de gains ?*

Il y en a une bien grande ; la première, comme on l'a déjà dit, comprend la propriété des immeubles possédés par les contractans, au moment où la société se forme ; tandis que dans la seconde, leurs immeubles n'y entrent que pour la jouissance.

358. *Qui peut contracter une société universelle?*

Tous ceux qui sont respectivement capables de se donner ou recevoir, et sur les biens desquels la loi ne prononce pas une réserve en faveur des héritiers présomptifs. (Art. 1840).

359. *Qu'est-ce qu'une société particulière?*

C'est celle qui ne s'applique qu'à certaines choses déterminées, ou à leur usage, ou aux fruits à en percevoir. (Art. 1841).

370. *De quelle nature est la société faite pour une entreprise désignée, ou pour l'exercice de quelque métier ou profession?*

Comme la précédente, c'est une société particulière. (Art 1842).

371. *A quelle époque commence la société?*

Si le contrat ne détermine aucune époque, elle commence du moment qu'elle est consentie. (Art. 1843).

372. *Lorsque sa durée n'est pas limitée, à quelle époque se termine-t-elle?*

S'il s'agit d'une affaire dont la durée est limitée, la société doit durer jusqu'à ce qu'elle soit terminée; dans le cas contraire, elle est censée contractée pour toute la vie des associés, sauf les modifications contenues dans la réponse 378. (Art. 1844).

373. *Quelle est la part de chaque associé dans les bénéfices et les pertes, si l'acte ne la détermine pas?*

Dans l'un et l'autre cas, elle doit être en proportion de sa mise. (Art. 1853).

374. *Quelle est celle de celui qui n'a apporté que son industrie?*

Sa part, dans les bénéfices comme dans les pertes, est égale à la part de celui dont la mise est la moindre. (Art. 1853).

375. *Si les associés ont stipulé que la part de chacun sera déterminée par l'un deux ou par un tiers, peuvent-ils attaquer le règlement qui aura été fait à cet égard?*

Non : à moins que ce règlement ne soit évidemment contraire à l'équité, encore faut-il,

1.º Que les réclamations soient faites dans les trois mois, à dater du moment que celui qui l'attaque en a eu connaissance ;

2.º Que ce règlement n'ait pas eu un commencement d'exécution de la part de celui qui le conteste. (Art. 1854).

376. *Peut-on convenir que la totalité des bénéfices sera pour un des associés?*

Non : sous peine de nullité. (Art. 1855).

377. *Les associés sont-ils solidaires entr'eux ?*

Ils le sont dans les sociétés de commerce ; mais dans les autres, non, à moins qu'ils n'aient conféré à l'un deux le pouvoir de les obliger solidairement. (Art. 1862).

378. *De combien de manières peut finir la société ?*

De cinq,

1.º Par l'expiration du temps pour lequel elle a été contractée ;

2.º Par l'extinction de la chose, ou la consommation de la négociation ;

3.º Par la mort naturelle de quelqu'un des associés ;

4.º Par la mort civile, l'interdiction, ou la déconfiture de l'un d'eux.

5.º Par la volonté qu'un seul ou plusieurs expriment de n'être plus en société. (Art. 1865).

Mais il faut observer que la dissolution de la société, par la volonté de l'une des parties, n'est praticable qu'autant que cette société est illimitée ; alors elle s'opère par la renonciation motivée à la société, pourvu qu'elle soit de bonne foi, et non à contre-temps. (Art. 1869).

Elle est faite en temps utile, lorsque les choses sont entières, et qu'il importe fort peu à l'intérêt des associés, que la société soit dissoute ou maintenue. (Art. 1870).

379. *De quelles formes doit être revêtue la prorogation d'une société?*

Lorsqu'une société a été contractée pour un temps limité, les parties peuvent, à l'expiration du terme fixé, la continuer, pourvu que cette prorogation soit revêtue des mêmes formes que le contrat de société. (Art. 1866).

380. *Est-il nécessaire que les parties conviennent dans l'acte que lors de la dissolution de la société, elles nommeront des arbitres pour terminer à l'amiable les contestations qui pourraient s'élever entre-elles ?*

Le code n'en parle point; mais jusqu'à présent, on l'a pratiqué, conformément à l'article 9 de l'ordonnance de 1673, qui supplée cette convention quand elle est omise.

FORMULE D'UN ACTE DE SOCIÉTÉ.

Par-devant, etc.,

Ont comparu sieur Michel Delir, négociant, habitant dans la ville de....., pourvu de sa patente, en date du..., n.ᶜ..., 2.ᵉ classe, à lui délivrée par sa commune, d'une part;

Et sieur Pierre Aché, négociant, habitant dans la même ville, également pourvu de sa patente, en date du...., n.º..., 2.ᵉ classe, à lui délivrée par sa commune, d'autre part;

Lesquels ayant arrêté de s'associer dans le commerce de droguerie, sucrerie, etc., sous la raison d'*Aché* et *Delir*, on fait les conventions suivantes,

1.º Leur société commencera le.......

2.º Sa durée sera illimitée, mais elle pourra être dissoute par l'un d'eux, à la charge néanmoins de prévenir l'autre six mois à l'avance; elle finira de droit par la mort naturelle ou civile d'un des associés.

3.º Le fonds de leur commerce sera de 24,000 francs, dont la moitié sera fournie par chacun des contractans et déposée dans une caisse commune, le jour où la société commencera.

4.º Tous les frais relatifs à la société seront à la charge des contractans, pourvu qu'il soit justifié que leur intérêt commun les a nécessités.

5.º Il y aura un règlement de compte tous les six mois, et les profits s'il y en a, seront partagés par moitié, ou laissés en société, s'ils le jugent convenable.

6.º Les pertes seront supportées par égales portions.

7.º Les engagemens, de quelle nature qu'ils puissent être, soit qu'ils soient faits collectivement ou par l'un deux, seront solidaires, pourvu néanmoins que leur but soit relatif à la société.

8.º La maison qu'ils loueront pour établir leur commerce, sera habitée par les contractans ou l'un d'eux; mais, dans le dernier cas, il n'y aura que la location du magasin qui sera à la charge de la société, le restant sera à celle de celui qui occupera les autres appartemens.

9.º Les contractans ne pourront, séparément, faire des spéculations sur un autre commerce, pour leur compte particulier, à moins que celui qui l'enteprendra, n'ait le consentement de l'autre, sous peine de

deux

deux mille francs d'indemnité envers son associé.

10. Leurs fonctions, dans le commerce, seront déterminées entr'eux.

11.º A la fin de la société, il sera procédé, par égales portions, au partage de ce qui composera le fonds de leur commerce.

12.º Enfin, si à cette époque il vient à s'élever entr'eux des discussions sur le partage porté en l'article précédent, elles seront soumises à la décision de deux arbitres nommés par eux.

Dont acte lu aux parties.

Fait à......, le......., etc.

Des Lettres de Change.

381. *Qu'est-ce qu'une lettre de change?*

C'est un mandement que donne le tireur à celui sur qui la lettre de change est tirée, d'en payer le montant à celui qui y est dénommé.

382. *Quelles conditions essentielles la lettre de change doit-elle réunir ?*

Il faut, 1.º que la lettre de change soit tirée d'une place pour être payée dans une autre ;

2.º Qu'elle porte valeur reçue comptant

en deniers, marchandises ou autres effets, ou promesse de les fournir.

383. *Pour sa validité, que doit-elle contenir ?*

1.º Le nom de la ville d'où elle est tirée, avec la date ;

2.º La somme pour laquelle la lettre est faite ;

3.º Le temps auquel le paiement doit être fait ;

4.º Le nom de celui qui doit recevoir ;

5.º Le nom de celui qui en a donné la valeur ;

6.º En quoi cette valeur a été fournie, si c'est en argent comptant, marchandises ou autres effets ;

7.º Le nom de celui sur qui elle est tirée, pour la payer ;

8.º Son adresse,

9.º Le nom du tireur.

384. *Combien y a-t-il de personnes qui figurent dans une lettre de change ?*

Il y en a trois, 1.º le tireur ;

2.º Celui sur qui elle est tirée ;

3.º Celui qui doit en recevoir le montant.

Il y a cependant des cas où quatre personnes interviennent ; par exemple, lorsque celui qui en a fourni la valeur, n'est pas celui en faveur de qui la lettre de change est tirée.

385. *Celui qui ne sait pas écrire peut-il consentir une lettre de change ?*

Il n'y a pas de doute, mais alors il faut qu'elle soit consentie devant notaire.

386. *Les lettres de change notariées ont-elles les mêmes avantages que les autres ?*

Oui : elles sont également négociables et contraignables par corps.

387. *Qu'est-ce que l'endossement ?*

C'est l'écrit apposé au dos d'une lettre de change, pour la transporter à quelqu'un. Le signataire est appelé endosseur.

F O R M U L E

D'une Lettre de Change notariée.

E S P È C E.

Une personne qui ne sait point écrire consent une lettre de change de 1,500 fr. en faveur d'une autre, que celle-ci lui a prêté, il y a huit jours.

PAR-DEVANT, etc.,

A comparu sieur Antoine Anglade, agri-

14.

culteur, demeurant à...., commune...., canton...., département....

Lequel, ne sachant écrire ni signer, pour faire une lettre de change de quinze cents francs, en faveur du sieur Pierre Lamarque, propriétaire, demeurant au même lieu, ici présent et acceptant, que celui-ci lui a prêté, le quinze du présent mois; nous a requis de lui donner acte de la lettre de change qu'il a déclaré faire en sa faveur, sur Monsieur Alexandre Labarthe, négociant à...., et dont la teneur suit :

Bon pour 1,500 f.

A........, le........, an......

« Dans un an préfix, payez par cette seule de change
» au sieur Pierre Lamarque, propriétaire, ou à son
» ordre, la somme de quinze cents francs, valeur
» de lui reçue, en numéraire, que passerez sur mon
» compte, sans autre avis de......»

Votre très-humble serviteur.

Antoine ANGLADE, dénommé.

A M. Alexandre Labarthe,
  négociant à......

Dont acte lu aux comparans.

Fait à....... le......, etc. (*).

Du Brevet d'Apprentissage.

388. *Qu'est-ce que le brevet d'apprentissage ?*

C'est une convention par laquelle un maître s'oblige à enseigner, dans un temps marqué, à un jeune homme, un négoce, un art ou métier, moyennant un certain prix.

389. *A quoi s'oblige l'apprenti ?*

Il s'engage à être docile, assidu, attentif et à avoir pour son maître les mêmes égards qu'il doit à son père.

390. *A quoi s'oblige le maître ?*

Il s'impose le devoir d'enseigner à son élève tout ce qui est relatif à son commerce, à son métier ou à l'art qu'il professe, et d'avoir pour lui les égards qu'un père doit à son fils.

(*). On n'a pas cru devoir parler du protest, parce que cet acte est presque par-tout plutôt considéré comme dépendant du ministère d'un huissier que d'un notaire.

FORMULE

D'un Brevet d'Apprentissage.

ESPÈCE.

Un père place un de ses enfans âgé de seize ans, chez un horloger, qui, moyennant 1,200 francs, s'oblige à lui enseigner tout ce qui est relatif à son art, à le loger et à le nourrir pendant trois ans. 600 fr. sont payés comptans, 300 f. doivent être payés dans un an et demi, et le restant à l'expiration du temps fixé.

PAR-DEVANT, etc.,

Ont comparu sieur Thomas Prados, horloger, demeurant dans la ville de...., rue...; n.°...., pourvu de sa patente, en date du..., n.°..., ...e classe, à lui délivrée par sa commune, d'une part;

Et sieur Pierre Félix, propriétaire, demeurant au lieu de..., commune..., canton..., département...., d'autre part;

Lesquels ont arrêté ce qui suit :

1.º S'est obligé, le sieur Prados, de pren-dre chez lui, en qualité d'apprenti, le sieur Jean Félix, fils du comparant, âgé de seize ans, auquel il enseignera l'art de l'horlogerie pendant l'espace de trois ans, sans lui rien sceller de ce qui y sera relatif ; de le loger chez lui, et de le nourrir à sa table pendant ce laps de temps ; de ne lui commander que ce qui sera juste et raisonnable ; enfin, de le traiter comme s'il était son propre fils.

2.º De son côté, le sieur Félix père, a promis que son fils sera docile aux ordres que son maître lui donnera ; qu'il tâchera d'apprendre, le mieux qu'il lui sera possible, ce qu'il lui enseignera ; et qu'il veillera sur ses intérêts comme sur les siens propres.

Et pour reconnaître les soins que le sieur Prados se donnera, et le dédommager du logement et de la nourriture que son fils prendra chez lui, le sieur Félix a promis de lui payer douze cents francs, en déduc-tion desquels il lui a compté six cents francs en numéraire, pris et vérifiés par le sieur Prados, au vu de nous notaire et témoins, dont quittance.

Et quant aux six cents francs restans ils seront payés, savoir ; trois cents francs dans dix - huit mois, à dater de ce jour, et les autres trois cents francs à l'expiration des trois années, avec l'intérêt à cinq pour cent, par an, sans retenue.

Il a été de plus arrêté entre les parties, que, si l'apprenti vient à être malade, alors à l'expiration des trois années, le sieur Félix demeurera autant de jours chez le sieur Prados, qu'il s'en sera écoulé pendant sa maladie.

Dont acte lu aux comparans.

Fait à........., le........., etc.

De l'Arrêté des Comptes.

391. *Qu'est-ce qu'un arrêté de comptes?*
C'est un acte par lequel deux ou plusieurs personnes qui ont respectivement des comptes à se rendre, déclarent ou qu'elles sont entièrement libérées, ou déterminent ce qui reste dû à l'une d'elles.

FORMULE D'ARRÊTÉ DE COMPTES.

ESPÈCE.

Deux négocians étant à la veille de dissoudre leur société, arrêtent leurs comptes, et déclarent qu'il est dû à l'un d'eux 1,200 francs, qui seront payés dans un an, sans intérêt.

PAR-DEVANT, etc.,

Ont comparu sieur Pierre Amade, négociant, demeurant dans la ville de..... pourvu de sa patente, sous la date......, n.º......, classe......., à lui délivrée par sa commune, d'une part;

Et sieur Izidore Delabre, négociant, demeurant dans la même ville, également pourvu de sa patente, sous la date......., n.º...., classe...., à lui délivrée par sa commune, d'autre part;

Lesquels on dit, qu'étant à là veille de dissoudre leur société, contractée le..., par

acte... retenu par..., notaire, enregistré le...,
par..., ils avaient nommé des amis communs
pour procéder à la vérification de leurs
comptes, afin de connaître la position de
leurs affaires. Que de cette vérification il
était résulté, conformément à leur déclaration apposée au bas de leur registre, que le
sieur Delabre était débiteur envers le sieur
Amade, de la somme de douze cents francs,
qu'il s'est obligé de lui payer, dans le délai
d'un an, à compter d'aujourd'hui, sans
intérêt.

En conséquence, dès que les douze cents
francs stipulés seront payés, les parties ont
respectivement promis de ne plus rien se
demander à l'égard de leur société.

Dont acte lu aux comparans.

Fait à...., le...., etc.

CHAPITRE VIII.

Du Mariage, de l'Acte respectueux et de sa notification.

Du Mariage.

392. *Qu'est ce qu'un contrat de mariage?*

C'est une convention par laquelle on règle les intérêts respectifs des époux. Ce contrat, qui est sans contredit le plus important, puisqu'il fixe les intérêts des parties contractantes et de leur postérité, est susceptible de toute espèce de clauses, pourvu cependant qu'elles rentrent dans le principe général, c'est-à-dire, qu'elles ne soient contraires ni aux lois, ni aux bonnes mœurs.

393. *Comment, et à quelle époque les conventions matrimoniales doivent-elles être rédigées?*

Par acte devant notaire, et avant la célébration du mariage. (Art. 1394).

394. *Après le mariage, ces conventions peuvent - elles être changées?*

D'après le droit romain, il ne fut jamais permis aux époux, *constante matrimonio*, de dénaturer leurs conventions. Les lois nouvelles, loin de faire des innovations sur ce principe, n'ont fait que le raffermir, ainsi que cela résulte de l'art. 1395.

395. *En est - il de même avant la célébration ?*

Non : il est libre aux époux de faire à leurs premières conventions tous les changemens qu'ils croiront nécessaires, pourvu 1.° qu'ils soient consignés dans un acte revêtu des mêmes formes que le contrat de mariage ; 2.° qu'ils soient opérés en présence et du consentement simultané de toutes les personnes qui y ont été parties. (Art. 1396).

396. *Comment doivent être rédigés les changemens ou contre - lettres autorisés par l'article précédent, pour qu'ils ne soient pas sans effet à l'égard des tiers?*

Ils sont considérés comme nuls, quoique revêtus des formes prescrites par la réponse précédente, s'ils ne sont rédigés à la suite du contrat de mariage. Le notaire ne pourra en délivrer grosse ni expédition, sans transcrire à la suite les changemens ou contre-lettres, à peine de tous dépens, dommages et intérêts, et même sous plus grande peine s'il y a lieu. (Art. 1397).

397. *La fille mineure peut-elle, dans son contrat de mariage, stipuler que sa constitution pourra être vendue ?*

Le mineur, assisté dans le contrat des personnes dont le consentement est requis pour la validité du mariage, peut stipuler que ses biens seront vendus par l'autre époux, et faire toutes les conventions dont ce contrat est susceptible. (Art. 1398).

398. *Un notaire peut-il retenir le contrat de mariage d'un majeur, n'importe son sexe, s'il n'est pas assisté de ceux dont le consentement est requis pour la validité du mariage, ou s'il n'a pas demandé ce consentement par un acte respectueux ?*

Entre le contrat de mariage qui règle les conventions des époux, et l'acte civil, il y a une grande différence. Ce n'est qu'à ce dernier cas, que l'art. 148 doit être appliqué. Eh ! comment pourrait-il s'étendre sur le premier, puisqu'il est libre aux époux de faire ou de ne pas faire de conventions ? Le notaire peut donc retenir de pareils actes.

399. *Aujourd'hui, comme autrefois, les époux peuvent-ils stipuler que leur associa-*

tion sera réglée par l'une des coutumes, lois ou statuts locaux qui régissaient les diverses parties du territoire français ?

Les époux, depuis l'émission du code, n'ont plus la faculté d'stipuler ainsi. (Article 1390). Ils peuvent cependant déclarer, d'une manière générale, qu'ils entendent se marier sous le régime de la communauté ou sous le régime dotal. A défaut de déclaration de leur part, leurs droits sont soumis au régime de la communauté. (Art. 1391 - 1393).

400. *Les conventions matrimoniales peuvent - elles être régies de plusieurs manières ?*

Oui : 1.º par le régime dotal ; 2.º par le régime de la communauté légale ; 3.º par le régime de la communauté conventionnelle ; 4.º par celui qui régit les conventions, lorsque les époux, sans se soumettre au régime dotal , déclarent qu'ils se marient sans communauté ; 5.º enfin, par celui qui régit les conventions, quand les époux déclarent vouloir être séparés de biens.

Du Régime Dotal.

401. *Qu'est - ce que le régime dotal?*
C'est celui qui règle la manière dont les biens dotaux doivent être administrés.

402. *Qu'entend-on par bien dotal ?*

Tout ce que la femme se constitue ou qui lui est donné en contrat de mariage , est dotal, s'il n'y a stipulation contraire. (Article 1541).

403. *La simple stipulation que la femme se constitue ses biens en dot , suffit-elle pour les soumettre au régime dotal ?*

Non : il faut pour cela une déclaration expresse. La soumission au régime dotal ne résulte pas non plus de la simple déclaration faite pour les époux , qu'ils se marient sans communauté , ou qu'ils sont séparés de biens. (Art. 1392).

De la Constitution de Dot.

404. *Sur quels biens la constitution de dot peut-elle frapper ?*

1.º Sur les biens présens et à venir de la femme ; 2.º sur tous ses biens présens , sur une partie de ses biens présens et à venir ; 3.º sur un objet individuel. (Art. 1542).

405. *Quels sont les biens compris dans une constitution faite en termes généraux ?*

Les biens présens seulement. (Art. 1542).

406. *La dot peut-elle être constituée ou augmentée pendant le mariage ?*

Pour répondre négativement à cette question , il suffit de rappeler la définition du
bien dotal , contenue dans la 402.ᵉ réponse.
(Art. 1543).

407. *Lorsque le père et la mère constituent conjointement une dot sans autre explication , quelle est la part alors de chaque constituant ?*

Dans le cas présenté , la dot est censée
constituée par portions égales. (Art. 1544).

408. *En est-il de même , lorsque la dot
est constituée par le père seul , pour droits
paternels et maternels ?*

Non : fut-elle même présente , la mère,
ne sera point engagée , et la constitution
sera en entier à la charge du père. (Article
1544).

409. *Lorque le survivant des père et mère
constitue une dot pour droits paternels et
maternels , sans spécifier les portions , comment alors la dot doit-elle être prise ?*

De cette manière-ci , celui à qui on la
constitue , doit d'abord la prendre sur les
droits qu'il a aux biens du décédé; et dans
le cas que ces droits ne lui représentent point
en entier la dot qui lui a été faite, alors les
biens du contituant doivent parachever ce
qui peut y manquer. Par exemple : un père

en

en mariant sa fille , lui constitue en dot pour droits paternels et maternels , 12,000 francs ; les droits de la fille sur les biens de la mère décédée , se portent à 10,000 francs ; le constituant sera donc obligé de donner 2,000 francs, qui , réunis aux 10,000 fr. de la mère , formeront les 12,000 francs constitués par le père. (Art. 1545).

410. *De quoi sont tenus les constituans ?*

De la garantie des objets constitués. (Article 1547).

411. *Si la dot a été consentie en argent, à dater de quel jour les intérêts courent-ils ?*

Soit que le paiement de la dot soit à terme fixé ou qu'il ne le soit pas , les intérêts, à moins d'stipulation contraire , courent, de plein droit, du jour du mariage , contre les constituans. (Art. 1548).

Des droits du mari sur les biens dotaux , et de l'inaliénabilité du fonds dotal.

412. *Quels sont les droits du mari sur les biens dotaux ?*

Le mari a le droit ,

1.º De les administrer en seul; 2.º de poursuivre également les débiteurs et détenteurs ; 3.º de percevoir les fruits et les

15.

intérêts ; 4.º enfin, de recevoir le remboursement des capitaux ; néanmoins il peut, par le contrat de mariage, être convenu que, sur ses seules quittances, la femme touchera annuellement une partie de ses revenus, soit pour son entretien, soit pour ses besoins personnels. (Art. 1549).

413. *Pour la réception de la dot, le mari est-il tenu de fournir caution ?*

Non : à moins qu'il ne s'y soit assujetti par le contrat de mariage. (Art. 1550).

414. *Le mari devient-il propriétaire des objets mobiliers mis à prix par le contrat de mariage ?*

Oui : et il n'est débiteur que du prix donné au mobilier ; mais, si dans le contrat il y a une déclaration, portant que l'estimation n'en fait point vente, alors il n'en est pas le propriétaire, et il est obligé de rendre les objets en nature. (Art. 1551).

415. *En est-il de même à l'égard de l'immeuble qui a été estimé ?*

Il n'en est pas des immeubles comme des meubles ; car, pour que la propriété des premiers fût transportée sur la tête du mari, il faudrait une déclaration expresse. (Article 1552).

416. *Si avec les deniers dotaux on ac-*

quiert un immeuble, cet immeuble est - il dotal?

Non : à moins que cela n'ait été stipulé dans le contrat de mariage ; il en est de même de l'immeuble donné en paiement de la dot, constituée en argent. (Art. 1553).

417. *Peut - on, pendant le mariage, aliéner ou hypothéquer les biens dotaux?*

Ils ne peuvent l'être ni par le mari, ni par la femme, ni par les deux conjointement, sauf les exceptions suivantes. (Art. 1554);

1.º La femme autorisée de son mari, ou sur son refus, avec permission de justice, peut donner ses biens dotaux pour l'établissement des enfans qu'elle aurait eu d'un mariage antérieur ; mais la jouissance doit être réservée au mari, si elle n'agit qu'en vertu de l'autorisation de la justice. (Article 1555).

2.º Elle peut également donner, avec l'autorisation de la justice, ses biens dotaux pour l'établissement de leurs enfans communs. (Art. 1556).

3.º Lorsque par le contrat de mariage il a été réservé la faculté de les aliéner. (Art. 1557).

4.º On peut encore aliéner les biens

15..

dotaux avec permission de justice , et aux enchères après trois affiches , pour tirer de prison le mari ou la femme.

Pour fournir des alimens à la famille, conformément aux articles 2o3 , 2o5 et 2o6.

Pour payer les dettes de la femme ou de ceux qui ont constitué la dot, lorsque ces dettes ont une date certaine antérieure au contrat de mariage.

Pour faire de grosses réparations indispensables pour la conservation de l'immeuble dotal.

Enfin , lorsque cet immeuble se trouve indivis avec des tiers, et qu'il est reconnu impartageable. Dans tous ces cas, l'excédant du prix de la vente , au - dessus du besoin reconnu, restera dotal, et il en sera fait emploi, comme tel, au profit de la femme. (Art. 1558).

418. *Peut-on échanger l'immeuble dotal?*

On peut, contre un autre immeuble de même valeur , pour les quatres cinquièmes au moins, échanger l'immeuble dotal, pourvu que la femme y consente ; et qu'en justifiant de l'utilité de l'échange , on obtienne l'autorisation de la justice, qui, dans ce cas, nomme d'office des experts pour estimer le bien dotal, ainsi que l'immeuble contre lequel on veut faire un échange.

L'échange une fois effectué, l'immeuble acquis à ce titre, sera dotal, ainsi que l'excédant du prix, s'il y en a; et comme tel, il en sera fait emploi au profit de la femme. (Art. 1559).

419. *Si hors le cas dont on vient de parler, le bien dotal est aliéné par le mari, la femme ou tous les deux, cette aliénation est-elle révocable, et qui peut la faire révoquer?*

Hors le cas dont on vient de parler, point de doute que l'aliénation du bien dotal soit qu'elle soit faite par la femme ou le mari, ou tous les deux conjointement, ne soit révocable; et cette révocation pourra être provoquée par la femme ou ses héritiers, après la dissolution du mariage, sans qu'on puisse leur opposer aucune prescription pendant sa durée.

La femme aura le même droit après la séparation de biens. (Art. 1560).

420. *Le mari peut-il provoquer cette révocation pendant le mariage : dans ce cas, à quoi est-il sujet envers l'acquéreur?*

Le mari peut, pendant le mariage, provoquer cette révocation: mais si dans la vente

il n'a point déclaré que l'immeuble était dotal, il est tenu de tous dommages et intérêts
envers l'acquéreur. (Art. 1560).

421. *Si la dot est mise en péril, la femme
peut - elle poursuivre la séparation de biens?*

Il n'y a pas de doute. (Art. 1563).

Des Biens paraphernaux.

422. *Qu'entend - on par biens paraphernaux ?*

Ceux qui ne sont point compris dans la
constitution. (Art. 1574).

423. *Le mari a-t-il la jouissance et l'administration des biens paraphernaux ?*

Non : l'une et l'autre sont dévolues à la
femme par les dispositions de l'article 1576.

424. *La femme peut-elle, comme autrefois, vendre ses biens paraphernaux ?*

Non : le code civil a opéré dans cette partie un changement, puisqu'aux termes de
l'article 1576, la femme ne peut procéder à
l'aliénation de ses biens paraphernaux ou
paraître en jugement à raison de ces mêmes
biens, sans qu'au préalable elle n'ait l'autorisation de son mari, ou à son refus, la
permission de la justice. (Art. 1576).

425. *Si le mari, en vertu de la procuration de sa femme, administre les biens*

paraphernaux, avec charge de lui rendre compte des fruits, de quoi est-il tenu vis-à-vis d'elle ?

De toutes les obligations d'un mandataire. (Art. 1577).

426. *En est-il de même, si le mari sans mandat, et néanmoins sans opposition de sa femme, jouit des biens paraphernaux ?*

Non : dans l'hypothèse présentée, il n'est obligé, à la dissolution du mariage, ou à la première demande de la femme, qu'à la représentation des fruits existans, et non à ceux qui ont été consommés. (Art. 1578).

427. *Si au contraire il en a joui malgré l'opposition constatée de la femme, de quoi est-il tenu alors ?*

Il est, en ce cas, comptable envers elle de tous les fruits, tant existans que consommés. (Art. 1579).

Des Acquêts.

428. *Qu'entend-on par acquéts ?*

Sont réputés acquéts, tous les biens meubles et immeubles acquis à titre onéreux par les époux séparément ou conjointement avec les deniers provenant tant de l'industrie commune, que des économies faites sur les fruits et revenus de leurs biens respectifs.

229. *Les époux peuvent-ils, sous le régime dotal, stipuler qu'ils seront associés aux acquêts ?*

Point de doute à cet égard ; l'art. 1581 leur donne cette faculté.

De la Communauté.

430. *Qu'est-ce que la communauté ?*

La communauté est une société de biens entr'époux, dont l'étendue et les effets sont réglés ou par la loi ou par leur contrat de mariage.

431. *Il y a donc plusieurs espèces de communauté ?*

Oui : il y a communauté légale et communauté conventionnnelle. La première est celle qui règle de droit les conventions des époux, lorsqu'ils ont déclaré vouloir être mariés sous ce régime, ou lorsqu'ils n'ont rien déclaré à cet égard. (Art. 1400).

On parlera plus bas de la seconde.

432. *A quelle époque commence la communauté légale ?*

Elle commence du jour du mariage contracté devant l'officier public. Toute stipulation tendante à lui donner une autre époque, est nulle. (Art. 1399).

De l'actif de la Communauté légale.

433. *Lorsque la communauté est établie par la simple déclaration des époux, ou lorsqu'elle est établie par le défaut de déclaration, de quelle manière se compose l'actif de cette communauté ?*

Il se compose, 1.º de tout le mobilier possédé par les époux, lors de la célébration du mariage, ainsi que de celui qui leur échoit pendant sa durée, à titre de succession ou même de donation, à moins que le donateur n'ait exprimé le contraire ; 2.º de tous les fruits, revenus, intérêts et arrérages de quelque nature qu'ils soient échus ou perçus pendant le mariage, et provenant des biens qui appartenaient aux époux, lors de la célébration, ou de ceux qui leur sont échus pendant le mariage, à quelque titre que ce soit ; 3.º enfin, de tous les immeubles acquis pendant le mariage. (Art. 1401).

434. *L'immeuble dont un des époux justifierait la possession légale, antérieure au mariage, ou qui lui serait échu depuis à titre de succession ou donation, est-il réputé acquêt de communauté ?*

Non : cet immeuble appartient à celui des époux qui justifie, légalement, que la pro-

priété lui était acquise avant le mariage, ou
que cet immeuble lui est échu depuis, à
titre de succession ou de donation. (Article
1402).

435. *En est-il de même de l'immeuble
acquis, par l'un des époux, dans l'intervalle du contrat de mariage et sa célébration ?*

Non : car dans ce cas, l'immeuble acquis
entre dans la communauté, à moins que
l'acquisition n'ait été faite en exécution de
quelque clause du contrat de mariage, et
alors elle est réglée suivant la convention.
(Art. 1404).

436. *Les immeubles donnés à l'un des
époux, pendant le mariage, appartiennent-
ils à la communauté ?*

Non : à moins que le donateur ne l'ait
formellement expliqué. (Art. 1405).

437. *Si l'un des époux échange, pendant
le mariage, un immeuble à lui appartenant,
contre un autre immeuble, ce dernier en-
tre-t-il en communauté ?*

La négative ne peut souffrir aucun doute ;
néanmoins l'époux qui a échangé est tenu
envers la communauté du surplus de la
valeur donnée à l'immeuble qu'il a reçu en
échange. Par exemple : un des époux possède

un bien de 12,000 francs ; il l'échange contre un autre de 16,000 francs : dans ce cas, il devra à la communauté 4,000 f. ; moyennant ce, l'immeuble nouvellement acquis lui appartiendra en seul. (Art. 1407).

438. *Si, à titre de licitation, l'un des époux acquiert pendant le mariage un immeuble, dont-il était pour une portion propriétaire indivis, cette acquisition entre-t-elle en communauté ?*

Non : il n'y a que la somme qui a été fournie pour l'acquisition. (Art. 1408).

439. *Quels sont les choix laissés à la femme, lorsque le mari devient seul, et en son nom personnel, acquéreur ou adjudicataire de portion, ou de la totalité d'un immeuble à elle appartenant par indivis ?*

Elle peut, à la dissolution de la communauté, y laisser cet effet, et répéter la portion qui lui appartient dans le prix, ou retirer l'immeuble, en remboursant à la communauté le prix de l'acquisition. (Art. 1408).

Du passif de la Communauté.

440. *Quel est le passif de cette communauté établie, ainsi qu'il l'a été dit dans la demande 433 ?*

Le passif de cette communauté se compose,

1.º De toutes les dettes dont les époux étaient grevés au jour du mariage civil, ou dont se trouvent chargées les successions qui leur échoient durant le mariage, sauf la récompense pour celles relatives aux immeubles propres à l'un ou à l'autre des époux.

2.º Des dettes, tant en capitaux qu'arrérages ou intérêts contractés par le mari, pendant la communauté, ou par la femme du consentement du mari, sauf la récompense dans le cas où elle a lieu.

3.º Des arrérages et intérêts seulement de rentes ou dettes passives, qui sont personnelles aux deux époux.

4.º Des réparations usufructuaires des immeubles qui n'entrent point en communauté.

5.º Des alimens des époux, de l'éducation et entretien des enfans, et de toute autre charge du mariage. (Art. 1409).

De l'administration de la Communauté.

441. *Qui administre les biens de la communauté ?*

L'administration des biens de la société conjugale appartient au mari seul; il peut les vendre et les hypothéquer sans le concours de la femme. (Art. 1421).

442. *Le mari peut-il disposer, par acte entre-vifs, des immeubles de la communauté ?*

Le mari ne peut disposer, à ce titre, ni des immeubles de la communauté, ni de l'universalité, ni d'une quotité du mobilier, à moins que ce ne soit pour l'établissement des enfans communs. (Art. 1422). Cependant le même article lui donne la faculté de disposer des effets mobiliers à titre gratuit et particulier, au profit de toutes personnes, pourvu que l'usufruit ne soit point réservé en sa faveur.

443. *Peut il, par testament, donner au-delà de la part qui doit lui revenir dans la communauté ?*

Non : (Art. 1423).

444. *La femme peut-elle s'obliger et engager les biens de la communauté ?*

La femme ne peut s'obliger ni engager les biens de la communauté, même pour tirer son mari de prison, ou pour l'établissement de ses enfans, en cas d'absence du mari, qu'après y avoir été autorisée par justice. (Art. 1427).

445. *Qui a l'administration des biens de la femme ?*

Le mari ; toutes les actions mobilières et possessoires appartenant à la femme, peuvent être exercées par lui seul. (Art. 1428).

446. *Peut-il les aliéner ?*

Non : à moins que la femme n'y donne son consentement. (Art. 1428).

447. *La femme qui s'est obligée solidairement avec son mari, pour les affaires de la communauté ou de son mari, doit--elle être indemnisée de son obligation et pourquoi ?*

Oui : par la raison qu'elle n'est, dans le cas présenté, réputée s'être obligée que comme caution ; et dès-lors, il n'y a pas de doute qu'elle ne doive être indemnisée de son obligation. (Art. 1431).

448. *Si le mari garantit solidairement ou autrement la vente faite par la femme d'un immeuble personnel, quel recours a-t-il, s'il vient à être inquiété ?*

Le mari, dans cette hypothèse, a, contre la femme, le même recours que cette dernière a contre lui, lorsqu'elle s'oblige solidairement, c'est-à-dire, qu'il n'est regardé que comme caution ; et que ses reprises peuvent être exercées , soit sur les biens personnels de la femme , soit sur la part qu'elle a dans la communauté. (Art. 1432).

De la dissolution de la Société.

448 bis. *Comment se dissout la société ?*

Elle est dissoute , 1.º par la mort naturelle ; 2.º par la mort civile ; 3.º par le divorce ; 4.º par la séparation de corps ; 5.º enfin, par la séparation de biens. (Article 1441).

449. *Le mari continue-t-il d'avoir l'administration des biens de la femme séparée ?*

Du moment de la séparation, le mari cesse d'avoir l'administration des biens de sa femme , qui peut seule les administrer comme bon lui semble. (Art. 1449).

450. *La femme séparée peut-elle disposer et aliéner son mobilier ?*

Oui : (Art. 1449).

451. *En est-il de même de ses immeubles ?*

Non : elle ne peut les aliéner qu'avec le consentement de son mari, ou à son refus , sans y être autorisée par la justice. (Article 1449).

452. *La communauté dissoute par la sé-*
paration ou de corps ou de biens seulement,
peut-elle être rétablie ?

Elle peut l'être par le consentement des
deux parties ; mais pour cela , il faut un acte
devant notaire , dont la minute doit être
gardée et dont l'expédition doit être affi-
chée dans la principale salle du tribunal de
première instance , et de plus dans celle du
tribunal de commerce du lieu de son domicile , si le mari est marchand , banquier
ou commerçant. (Art. 1451 et 1445).

De la Communauté conventionnelle.

453. *Qu'est-ce que la communauté con-*
ventionnelle ?

C'est celle qui règle l'association des
époux , d'après les conventions faites entre
eux , lesquelles peuvent modifier la communauté légale , pourvu qu'elles ne soient
contraires ni aux lois , ni aux bonnes
mœurs. (Art. 1497).

454. *A quelle époque commence-t-elle ?*

Ainsi que la communauté légale (432.e réponse), elle ne commence que du jour de
la célébration du mariage. Toute stipulation
tendante

tendante à lui donner une autre époque,
est nulle. (Art. 1399).

455. *Quelles sont, en dérogeant à la
communauté légale, les principales conventions dont les époux peuvent convenir
entr'eux ?*

Ils peuvent stipuler,

1.º Que la communauté n'embrassera que
les acquêts.

2.º Que le mobilier présent ou futur,
n'entrera point en communauté, ou n'y entrera que pour une partie.

3.º Qu'on y comprendra tout ou partie
des immeubles présens ou futurs, par la
voie de l'*ameublissement;* et par ce mot on
entend la clause par laquelle les époux, ou
l'un d'eux, font entrer en communauté
tout ou partie de leurs immeubles. (Article
1505). Cette clause peut être déterminée ou
indéterminée. (Art. 1506).

Elle est déterminée, quand l'époux a déclaré ameublir et mettre en communauté
un tel immeuble, en tout ou jusqu'à concurrence d'une certaine somme. (Même art.).

Elle est indéterminée, quand l'époux a
simplement déclaré apporter en communauté
ses immeubles, jusqu'à concurrence de.....
(Même article).

16.

4.º Que les époux paieront séparément leurs dettes antérieures au mariage.

5.º Qu'en cas de renonciation à la communauté, la femme pourra reprendre ses apports francs et quittes.

6.º Que le survivant aura un *préciput*; et par ce mot on entend la clause par laquelle le survivant des époux a le droit de prélever, avant tout, une somme par eux déterminée.

7.º Que les époux auront des parts inégales.

8.º Qu'il y aura entr'eux communauté à titre universel. (Art. 1497). A l'égard des sociétés universelles, voyez la réponse 354.

Des Conventions exclusives de la communauté, et du Régime dotal.

456. *Quand les époux, sans se soumettre au régime dotal, déclarent qu'ils se marient sans communauté, la femme, dans cette hypothèse, a - t - elle l'administration de ses biens?*

Non : le mari a l'administration des immeubles dont les fruits sont censés lui être apportés pour soutenir les charges du mariage. Il a également celle des biens meubles, et par suite le droit de percevoir le mobilier apporté en dot, ou échu pendant le mariage, sauf la restitution qu'il doit en faire si le cas y échoit. (Art. 1530 et 1531). Néanmoins on peut convenir que la femme touchera annuellement, et sur ses seules quittances, une portion de ses revenus. (Article 1534).

457. *Dans cette hypothèse encore, les immeubles constitués en dot, sont-ils inaliénables ?*

L'inaliénabilité des biens dotaux est une des principales attributions du régime dotal. Il jouit seul de ce privilége. La loi déclare donc les biens, dans le cas présenté, aliénables ; mais ils ne peuvent l'être par la femme, sans le consentement du mari, ou à son refus, sans l'autorisation de la justice. (Art. 1535).

De la clause de séparation de biens.

458. *Lorsque les époux ont, par leur contrat de mariage, stipulé qu'ils seraient séparés de biens, à qui, dans ce cas, l'administration des biens meubles et immeubles de la femme, appartient-elle ?*

A la femme, qui, en outre, peut jouir librement de ses revenus. (Art. 1536).

16..

459. *De quelle manière alors est-il pourvu aux charges du mariage ?*

Suivant les conventions que les époux ont faites entr'eux ; et si le contrat de mariage est muet à cet égard, la femme doit contribuer à ces charges jusqu'à concurrence du tiers de ses revenus. (Art. 1537).

460. *La femme, séparée de biens par le contrat de mariage, peut-elle aliéner ses immeubles ?*

Sans le consentement spécial du mari, ou à son refus, sans l'autorisation de la justice, la femme ne peut, dans aucun cas, même à la faveur d'une stipulation, les aliéner. Toute autorisation générale d'aliéner les immeubles donnés à la femme, soit par le contrat de mariage, soit depuis, est nulle. (Art. 1538).

1.re FORMULE.

ESPÈCE.

Deux époux se marient sous le régime dotal ; le père et la mère de l'épouse lui constituent, conjointement et par moitié, 15,000 fr. ; plus un mobilier détaillé et estimé. Un oncle lui constitue un domaine situé à...., estimé 20,000 francs.

Le père et la mère constituent à l'époux le domaine de...., estimé 60,000 francs ; et un de ses frères dispose, en sa faveur, de tous les biens qu'il laissera à son décès.

Les époux stipulent entr'eux une société d'acquêts, et se donnent réciproquement, sans être tenus de fournir caution, la jouissance de tous les biens qui appartiendront au prémourant.

PAR - DEVANT, etc.,

A comparu sieur Benoît Lasprades, propriétaire, agissant comme majeur en pré-

sence et du consentement de sieur Jean
Lasprades, son père, propriétaire, et de
dame Elizabeth Lamase, sa mère, avec lesquels il demeure au lieu de....., commune....,
canton....., département....., assisté de sieur
Louis Lasprades, son frère aîné, médecin,
demeurant à....., d'une part ;

Et demoiselle Henriette Lacroix, procédant aussi comme majeure, en présence et
du consentement de sieur Pierre Lacroix,
son père, propriétaire, et de dame Catherine
Dupré, sa mère, avec lesquels elle demeure
au lieu de....., commune....., canton......,
département....., assistée de sieur Alexandre
Lacroix, propriétaire, son oncle, demeurant....., d'autre part.

Lesquelles parties ont arrêté ainsi qu'il
suit, les conventions du mariage projeté
entre le sieur Benoît Lasprades et demoiselle
Henriette Lacroix, dont la célébration aura
lieu, sous peine de tous dépens, à la première réquisition faite par l'un des époux.

1.º Ont déclaré, les futurs, vouloir être
mariés sous le régime dotal.

2.º Les père et mère de la future ont
constitué en dot à leur fille, conjointement
et par moitié, 1.º la somme de quinze mille
francs, qui sera comptée au futur époux

la veille des épousailles ; 2.º un mobilier délivrable aussi la veille des noces, consistant ;

En un lit complet, etc. , estimé sept cents francs.

Plus, une armoire en bois d'acajou , estimée quatre cents francs.

Enfin, deux glaces encadrées , estimées trois cents francs.

TOTAL , quatorze cents francs ;

Sans cependant que cette estimation en fasse vente au futur, qui sera tenu d'en faire la remise, si le cas y échoit.

3.º Pour donner à sa nièce , future épouse, des marques du contentement qu'il éprouve de l'alliance qu'elle est à même de contracter, le sieur Alexandre Lacroix , déjà dénommé, a disposé, en sa faveur, du domaine de....., situé à........ , consistant en........., estimé vingt mille francs ; duquel domaine la donataire pourra jouir et disposer, à compter du jour des noces, ainsi que le donateur avait droit de le faire ; à la charge, par elle, d'en payer les contributions à dater du jour de son entrée en jouissance seulement.

4.º Les père et mère du futur lui ont constitué, conjointement et par moitié, le

16....

domaine de........, situé à........., consistant en........., estimé soixante mille francs, et dont le futur époux pourra jouir et disposer à dater du jour des noces, ainsi que les constituans avaient droit de le faire. Les impositions seront à sa charge à compter de la même époque.

5.° Le sieur Louis Lasprades, voulant aussi donner des preuves au futur époux, son frère puîné, de l'amitié qu'il a pour lui, a disposé, en sa faveur, de tous les biens meubles et immeubles qu'il laissera à son décès, en quoi qu'ils puissent consister.

6.° Les acquêts qui pourront être faits pendant le mariage, seront partagés par moitié entre les époux, qui disposeront de leur portion comme bon leur semblera.

7.° Enfin, les époux se sont mutuellement donné la jouissance de tous les biens qui se trouveront appartenir au prémourant, et dont le survivant, dispensé de tout bail de caution, (*) pourra jouir à sa volonté, sauf la réduction légale, s'il y a des enfans de leur union.

Dont acte lu aux parties.

Fait à...., le...., etc.

______

(*) Pour l'intelligence de la clause, portant dispense de tout bail de caution, voyez la demande et réponse 562.

2.ᵉ FORMULE.

ESPÈCE.

Deux époux se marient sous le régime dotal ; le père de la future est mort ; la mère lui constitue, pour droits paternels et maternels , 10,000 francs ; un oncle lui constitue tous ses biens présens et à venir. Les meubles sont de valeur de 2,000 fr., et les immeubles de 20,000 francs, à la charge , par elle , de payer les dettes du donateur , que celui-ci détaille ; elle ne pourra jouir des objets compris dans cette libéralité , qu'au décès du donateur, qui se réserve en outre 3,000 francs , pour en disposer à sa volonté. La future , du consentement de sa mère , permet au futur de vendre ou d'échanger sa constitution.

Le futur se constitue les biens qui lui sont advenus par le décès de ses père et mère, estimés 50,000 francs.

Les futurs s'associent dans les acquêts et se donnent mutuellement, sans être tenus de fournir caution , la jouissance de tout ce qui pourra appartenir au prémourant.

PAR-DEVANT, etc. ,

Ont comparu sieur Jean-Baptiste Julles, propriétaire, demeurant à......., fils unique de sieur Jacques Julles, et de dame Louise Abriac, décédés, procédant comme majeur, d'une part;

Et demoiselle Adèle Lansau, fille de sieur feu Mathieu, propriétaire, et de dame Elise Manel, demeurant avec cette dernière, au lieu de........, commune........., canton......., département....., procédant en présence et du consentement de dame sa mère, agissant encore en présence de sieur Joseph Lansau, son oncle, propriétaire, demeurant à.......

Lesquelles parties ont arrêté ainsi qu'il suit, les conventions du mariage projeté entre le sieur Julles et demoiselle Lansau, dont la célébration aura lieu sous peine de tous dépens, à la première réquisition qui en sera faite par l'un des époux.

1.º Ont déclaré, les futurs, vouloir être mariés sous le régime dotal.

2.º La mère de la future épouse lui a constitué, pour droits paternels et maternels, sauf à les parfaire dans la suite, s'il y a lieu, la somme de dix mille francs, paiable dans deux ans, à dater d'aujourd'hui, sans intérêts.

3.º Le sieur Joseph Lansau, déjà dénommé, oncle paternel de la future, voulant

donner à sa nièce des marques de son affection, a disposé en sa faveur de tous les
biens présens et à venir qui se trouveront lui
appartenir à son décès ; déclarant le donateur, que les immeubles, dont il a actuellement la propriété, consistent uniquement
dans le domaine de........., appelé à.......,
estimé vingt mille francs, y compris sa
maison d'habitation, dans laquelle il y a les
meubles suivans :

Deux lits en indienne, etc., estimés, les
deux, huit cents francs.

Plus, un secrétaire en bois de cerisier,
estimé cent francs.

Plus, une armoire du même bois, estimée
deux cents francs.

Plus, huit douzaines de serviettes fines,
estimées deux cents francs.

Plus, douze paires de draps de lit, fins,
estimés quatre cents francs.

Plus, une commode en bois d'acajou,
estimée deux cents francs.

Enfin, une glace encadrée, cent francs.

Total, deux mille francs.

Le donateur s'est réservé la jouissance des
meubles et immeubles compris dans la présente donation, de même qu'une somme de
trois mille francs pour en disposer à sa

volonté ; la donataire sera tenue de payer les dettes du donateur, que celui - ci a déclaré consister,

1.º En une obligation de mille francs, passée par....., notaire, à...., le...., enregistré à...., par......., receveur....., en faveur du sieur...., et paiable à sa mort, avec l'intérêt à cinq pour cent, sans retenue, exigible chaque année.

2.º En une lettre de change de six cents francs, par lui tirée le......, sur...., négociant à......., en faveur de......., et paiable le quinze vendémiaire prochain.

3.º Le futur époux s'est constitué les biens qui lui sont advenus par le décès de ses père et mère, situés au lieu de....., estimés cinquante mille francs.

4.º La future épouse de l'autorisation de la dame sa mère, a consenti à ce que les immeubles qui viennent de lui être constitués, puissent être vendus ou échangés par le futur époux, à la charge néanmoins par lui, d'en faire le remploi tout de suite.

5.º Les acquêts qui pourront être faits pendant le mariage, seront partagés par moitié entre les époux, qui disposeront de leur portion comme bon leur semblera.

6.º Les époux se sont enfin donné la

jouissance de tous les biens qui se trouveront appartenir au prémourant , et dont le survivant jouira à sa volonté, dispensé de tout bail de caution.

Dont acte lu aux parties.

Fait à......., le......., etc.

3.ᵉ FORMULE.

~~~~~~~~~~

ESPÈCE.

Deux majeurs se marient sous le régime de la communauté ; leurs père et mère sont morts; ils se constituent les biens qui leur sont advenus par le décès des uns et des autres ; ils se donnent la jouissance de ce qui appartiendra au prémourant, et dont le survivant jouira à sa volonté, sans être tenu de donner caution.

Par-devant, etc.,
Ont comparu sieur Bertrand Anglade, pro=
~~~~~~~~~~

priétaire, demeurant à..., commune, canton..., département..., fils unique de sieur Pierre Anglade et de dame Marie Lapeyre, décédés, procédant comme majeur, d'une part;

Et demoiselle Félicie Landal, demeurant aussi à..., fille de François Landal, propriétaire, et de dame Jeanne Maille, décédés, procédant comme majeure, d'autre part :

Lesquels ont arrêté, ainsi qu'il suit, les conventions du mariage projeté entr'eux, dont la célébration aura lieu, sous peine de tous dépens, à la première réquisition.

1.º Ont déclaré, les futurs, vouloir être mariés sous le régime de la communauté.

2.º S'est constitué, la future, un domaine situé à..., estimé vingt mille francs; plus, une maison dans la ville de..., rue..., n.º..., estimée dix mille francs; le tout provenant des successions de ses père et mère, ainsi que cela résulte de l'acte de partage passé entr'elle et ses frères et sœurs, le...., devant..., notaire à..., enregistré à..., le..., par...

3.º S'est également constitué, le futur, les biens qui lui sont advenus par le décès de ses père et mère, lesquels consistent en deux domaines, situés à..., estimés les deux, quatre - vingt mille francs; plus, sa maison d'habitation, estimée valoir quinze mille fr.

4.º Enfin, les époux se sont mutuelle-ment donné la jouissance de tout ce qui appartiendra au prémourant, et dont le sur-vivant, dispensé de tout bail de caution, jouira à sa volonté.

Dont acte lu aux parties.

Fait à......., le......., etc.

4.e FORMULE.

ESPÈCE.

Deux époux se marient sous le régime de la communauté conventionnelle : les père et mère constituent conjointement et par moitié , à leur fille , une somme de 12,000 fr. payable la veille des noces ; plus , une maison située à...... , estimée 6,000 francs.

Les père et mère du futur disposent par préciput , en sa faveur , du tiers de tous les biens meubles et immeubles qui leur appartiendront à leur décès ; et jusqu'à cette époque , ils lui donnent en jouissance le domaine de.... , dont le revenu s'élève à 2,000 francs.

Les époux stipulent que leurs dettes , antérieures au mariage , seront séparément payées ; que la communauté n'embrassera point leurs meubles présens ni à venir , à moins qu'ils ne soient acquis à titre onéreux ; qu'elle ne comprendra que les immeubles acquis à ce titre ; enfin , que le survivant aura un préciput de 6,000 francs.

PAR-DEVANT, etc. ,

Ont comparu sieur Benoît Lasmal, propriétaire

priétaire, procédant comme majeur, en présence et du consentement de sieur Guillaume Lasmal, également propriétaire, et de dame Magdelaine Sénil, ses père et mère, avec lesquels il demeure, au lieu de......, commune..., canton..., département...., d'une part;

Et demoiselle Dorothée Demenseau, agissant comme majeure, en présence et du consentement de sieur Jean Demenseau, propriétaire, et de dame Antoinette Dopie, ses père et mère, avec lesquels elle demeure, au lieu de..., commune..., canton..., département...;

Lesquelles parties ont arrêté, ainsi qu'il suit, les conventions du mariage projeté entre le sieur Benoît Lasmal et demoiselle Dorothée Demenseau, dont la célébration aura lieu incessamment.

1.° Les père et mère de la future ont constitué à leur fille, conjointement et par moitié, douze mille francs payables la veille des noces; plus, une maison située à....., estimée six mille francs, de laquelle elle pourra jouir et disposer du jour des épousailles, ainsi que les constituans avaient droit de le faire, à la charge par elle d'en acquitter les contributions à dater de cette époque

2.º Les père et mère du futur époux, voulant donner à leur fils des preuves de leur attachement, ont disposé en sa faveur, à titre de préciput, du tiers de tous les biens meubles et immeubles qui se trouveront appartenir à l'un et à l'autre à leur décès ; et jusqu'à leur mort, ils lui ont cédé, à dater de ce jour, l'usufruit du domaine de..., dont le revenu annuel s'élève à deux mille francs, à la charge par lui d'en payer désormais les contributions.

3.º Ont déclaré, les futurs époux, vouloir être mariés sous le régime de la communauté, laquelle sera réglée conformément aux stipulations suivantes.

4.º Les dettes antérieures au mariage, seront payées par celui qui les aura contractées.

5.º Aucun de leurs biens meubles présens ou futurs, ne fera partie de la communauté, à moins qu'ils ne soient acquis à titre onéreux.

6.º Il n'y aura que les immeubles acquis au même titre, pendant le mariage, qui seront compris dans leur association conjugale.

7.º Enfin, le survivant des futurs époux aura un préciput de six mille francs, qu'il prélevera, avant tout, sur les propres du pré-mourant : ce préciput sera payé en numé-raire par les héritiers du décédé.

Dont acte lu aux parties.

Fait à...., le..., etc.

5.e FORMULE.

ESPÈCE.

Deux époux majeurs, sans se soumettre au régime dotal, déclarent qu'ils se marient sans communauté : leurs père et mère sont décédés ; ils se constituent les biens qui leur sont advenus par la mort des uns et des autres ; ils stipulent une société d'acquêts, et se donnent réciproquement la jouissance de tout ce qui appartiendra au prémourant, et dont le survivant jouira à sa volonté, dispensé de donner caution.

PAR-DEVANT, etc. ;

Ont comparu sieur Alexandre Deyme, officier de santé, demeurant à..., commune...,

17.

canton..., département..., fils de sieur Michel Deyme, propriétaire, et de dame Eléonore Troubat, décédés, procédant comme majeur, d'une part;

Et demoiselle Emilie Defoix, demeurant à..., fille de sieur Jérôme Defoix, propriétaire, et de dame Laure Fontel, décédés, procédant comme majeure, d'autre part;

Lesquels ont arrêté, ainsi qu'il suit, les conventions du mariage projeté entr'eux, et qui doit être incessamment célébré.

1.° Déclarent, les futurs époux, sans se soumettre au régime dotal, se marier sans communauté, voulant que leur union soit régie par les dispositions que la loi indique.

2.° S'est constitué, la future épouse, les biens immeubles qui lui sont advenus par le décès de ses père et mère.

3.° S'est également constitué, le futur époux, tous les biens que ses père et mère lui ont transmis, par actes tesmentaires de..., et..., de..., retenus par..., notaire à..., et enregistrés à..., le..., par...

4.° Les acquêts qui seront faits pendant le mariage, seront partagés par moitié entre les époux, qui disposeront de leur portion à leur volonté.

5.° Enfin, les époux se sont respectivement donné la jouissance de tous les biens dont le prémourant se trouvera saisi , et dont le survivant, dispensé de tout bail de caution , jouira ainsi qu'il l'avisera.

Dont acte lu aux comparans.

Fait à......., le......., etc.

6.e FORMULE.

ESPÈCE.

Deux époux, majeurs, se marient; ils stipulent qu'ils seront séparés de biens; ils conviennent que l'épouse contribuera aux charges du mariage, jusqu'à concurrence du tiers de ses revenus, lequel tiers sera compté au mari en deux paiemens égaux, de six en six mois; le futur procède en vertu d'un acte respectueux.

PAR-DEVANT, etc.,

Ont comparu sieur Joseph Lafage, docteur en médecine, demeurant dans la ville de......, fils de sieur Michel Lafage, pro-

priétaire, demeurant à......, commune.....,
canton, département........., et de dame
Zélire Carles, décédée, âgé de trente-trois
ans, procédant comme majeur; après avoir
demandé en vain, au sieur Michel Lafage,
son père, son consentement, par acte respectueux du......, retenu......, par......, notaire à......, le....., enregistré le......, par....,
qu'il lui a fait notifier le......, par le même
notaire. Lesquels actes nous ont été remis
par le comparant, après les avoir contre-
signés pour ne varier, afin d'être annexés
au présent acte, d'une part;

Et demoiselle Irma Mandal, demeurant
dans la même ville......, rue........, n.°........,
fille du sieur Bernard Mandal, et de dame
Josephine Sauvagnac, décédés, procédant
aussi comme majeure, d'autre part;

Lesquels ont arrêté, ainsi qu'il suit, les
conventions du mariage projeté entr'eux,
qui sera incessamment célébré, sous peine
de tous dépens.

1.° Ont déclaré, les futurs époux, vouloir être separés de biens.

2.° La future épouse, pour aider à supporter les charges du mariage, s'est obligée
de payer à son mari, le tiers de ses revenus,

qu'elle lui comptera annuellement en deux paiemens égaux, de six en six mois.

Dont acte lu aux parties.

Fait à......, le........, etc.

De l'Acte Respectueux.

461. *Qu'est-ce qu'un acte respectueux?*

L'acte respectueux est celui par lequel un majeur demande à celui à qui il le fait notifier, son consentement, pour un mariage qu'il est à la veille de contracter.

462. *Si les fils n'ont point trente ans, et les filles vingt-cinq accomplis, combien de fois, et à quel intervalle l'acte respectueux, prescrit par la loi, doit-il être renouvelé?*

Les majeurs qui sont dans l'hypothèse présentée, doivent, lorsque l'acte respectueux a été notifié, renouveler cette formalité deux autres fois, et de mois en mois; et ce n'est qu'un mois après le troisième acte, qu'il peut être procédé à la célébration du mariage. (Art. 152).

Mais, si au contraire les fils ont trente ans révolus, et les filles vingt-cinq, un seul acte respectueux suffit; et à défaut de consentement, le mariage pourra, un mois après, être célébré. (Art. 153).

463. *A qui et par qui doit être notifié l'acte respectueux ?*

L'acte respectueux doit être notifié par deux notaires ou un notaire et deux témoins, aux père et mère ; et s'ils sont décédés ou dans l'impossibilité de manifester leur volonté, aux ayeuls et ayeules. (Articles 151 et 154).

464. *Le procès-verbal de la notification doit-il faire mention de la réponse ?*

Oui. (Art. 154).

FORMULE D'UN ACTE RESPECTUEUX.

PAR-DEVANT, etc.,

A comparu sieur Izidore Lafage, propriétaire, demeurant à........, commune......., canton........, département.......;

Lequel a dit, qu'étant dans le dessein de se marier avec demoiselle Zelie Zeliban, il en avait prévenu le sieur Pierre Lafage, son père, propriétaire, demeurant à........, et l'avait supplié, à diverses reprises, mais toujours en vain, de consentir à son mariage; que le refus constant de son père l'a mis dans la pénible nécessité de le prier, par cet acte respectueux, de lui accorder un consentement qu'il sollicite de sa tendresse, dont il se montrera toujours digne.

Dont acte lu au comparant.

Fait à...., le...., etc.

De la Notification.

465. Qu'est-ce qu'une notification ?

C'est un acte par lequel un fonctionnaire public à qui la loi donne ce pouvoir, notifie à quelqu'un, dans les formes juridiques, un acte ou un écrit quelconque.

FORMULE DE NOTIFICATION.

CEJOURD'HUI........., an........., après midi, à la requête du sieur Izidore Lafage, fils, propriétaire, demeurant à...., commune...., canton...., département...., Nous, (prénom, nom du notaire, sa résidence), et en présence des témoins ci-après nommés,

Certifions nous être transportés au lieu...., domicile du sieur Pierre Lafage, père, auquel nous avons notifié l'acte respectueux ci-dessus transcrit, que le requérant a fait devant le notaire soussigné, le....., enregistré à......, le....., par...., lequel a été lu par le sieur Lafage, père, qui a déclaré avoir des raisons particulières pour persister à refuser son consentement au mariage que son fils se propose de contracter avec demoiselle Zelie Zeliban, demeurant à........, et qui a déclaré, en outre, ne vouloir signer, de ce requis par nous.

Fait au domicile du sieur Lafage, père, le......., an......, en présence des sieurs....., qui ont signé avec nous à l'original et à la copie que nous notaire avons laissé au sieur Lafage, père, en parlant à lui-même.

CHAPITRE IX.

De l'Inventaire, du Partage.

De l'Inventaire.

466. Qu'est-ce qu'un inventaire ?

C'est un état descriptif des meubles et effets mobiliers, etc., dépendans d'une succession. Cet état est nécessaire au maintien des droits de ceux qui peuvent y avoir intérêt : tels sont, par exemple, les héritiers, les créanciers, les légataires, etc. etc.

467. Par qui cet état doit-il être fait ?

Par les notaires auxquels l'article 10 de la loi du 17 mars 1791, a conféré le droit exclusif de procéder à la confection des inventaires.

468. Qui peut requérir la confection d'un inventaire ?

1.º L'exécuteur testamentaire, dans les cas prévus à la 610.ᵉ réponse ; 2.º l'époux survivant, lorsqu'il n'a que la jouissance des objets dont la propriété appartient aux enfans ou héritiers du défunt ; 3.º les héritiers ; 4.º les tuteurs des mineurs et les curateurs des interdits ; 5.º enfin , les créanciers.

469. *Quel délai a-t-on pour faire procéder à l'inventaire ?*

Il n'y a pour cela de terme fatal que lorsque l'héritier n'entend prendre cette qualité que sous bénéfice d'inventaire , et alors il a trois mois pour le faire faire , à compter du jour de l'ouverture de la succession. Il a de plus quarante jours , du moment que l'inventaire est clos , pour accepter ou pour renoncer. (Art. 795). Si l'inventaire est fait à la requête du tuteur , celui-ci doit , dans les dix jours de sa nomination , dûment connue de lui , requérir la levée des scellés , s'ils ont été apposés , et faire procéder , immédiatement après , à l'inventaire. (Art. 451).

470. *Lorsque le tuteur fait procéder à l'inventaire, en présence de qui doit-il le faire faire ?*

En présence du subrogé tuteur. (Article 451).

471. *S'il est dû par le mineur au tuteur, celui-ci doit-il le déclarer dans l'inventaire ?*

Dans le cas présenté , il doit, sous peine de déchéance, faire cette déclaration sur la réquisition de l'officier public, qui est tenu de lui faire cette interpellation, et de la mentionner dans son procès-verbal. (Art. 451).

472. *Doit-il être signé à la fin de chaque vacation, et par qui ?*

Oui : par le notaire, les témoins, et les parties sachant signer ; dans le cas contraire, l'acte doit contenir la déclaration de ne savoir ou de ne pouvoir. Voyez la 30.e réponse.

473. *Par qui doit être écrit l'inventaire ?*

Par le notaire ou son clerc, etc., jamais par les parties intéressées.

474. *Est-il nécessaire que, lorsque dans un inventaire qui, pour sa confection, entraîne plusieurs vacations, les témoins qui ont assisté à la première, assistent aux autres ?*

Non.

1.re FORMULE D'INVENTAIRE.

CEJOURD'HUI le..., an..., et à.... heure; à la requête du sieur Louis Lasmas, propriétaire, demeurant à....., commune...., canton..., département..., oncle et tuteur (des sieurs Benoît et Alexandre Lasmas, âgés, le premier de douze ans, et le second de quatorze, fils de sieur Pierre Lasmas et de dame

Elisabeth Lannes, l'un et l'autre décédés presque en même-temps); nommé par le conseil de famille, ainsi que cela résulte du procès-verbal du juge de paix du canton de..., enregistré à..., le...

Nous (prénom, nom du notaire, sa résidence), nous sommes transportés dans la maison d'habitation des père et mère décédés, située au lieude..., pour procéder à l'inventaire des meubles meublans, effets mobiliers, papiers, etc., en présence du sieur Pierre François, propriétaire, demeurant à..., commune..., canton..., département..., subrogé tuteur, dont la nomination faite par le même conseil de famille, est consignée dans le procès-verbal déjà cité.

En conséquence, après avoir reçu des sieurs (prénom, nom, domicile des priseurs), la promesse d'estimer à leur valeur les objets qui vont être inventoriés; après avoir également ment reçu, sur notre réquisition, la déclaration du tuteur dénommé, portant qu'il ne lui est rien dû par les mineurs; que le scellé n'a pas été apposé : nous avons, en présence des témoins ci-après nommés, procédé à l'inventaire requis, de la manière suivante :

Dans une des chambres du rez-de-chaus-sée, donnant..., nous avons trouvé ;

Premièrement, une table en bois de cerisier, estimée....

Secondement...., etc.

Nota. Si l'inventaire ne peut être fini dans une séance, on doit mettre :

Et attendu l'heure de....., nous avons renvoyé la continuation du présent inventaire, à.... heure , après avoir invité les comparans à se rendre.

Fait à..., les jour, mois et an que dessus ; en présence des sieurs... (prénom , nom , profession et demeure des deux témoins), qui ont signé avec le tuteur , le subrogé tuteur, les priseurs et nous notaire.

Pour l'ouverture d'une seconde séance.

Cejourd'hui le...., an...., et à.... heure, toujours à la même requête, en présence du subrogé tuteur et priseurs déjà dénommés, Nous (prénom, nom du notaire, sa résidence), avons, en présence des témoins ci-après nommés, procédé à la continuation du présent inventaire, ainsi qu'il suit :

Dans une chambre au premier étage, donnant sur la rue, nous avons trouvé ;

1.º Un bureau en bois d'acajou, presque neuf, qui a été estimé six cents francs.

2.º...., etc.

Nota. Quand l'inventaire est fini, on met :

Et sur la déclaration qui nous a été faite par le sieur..., tuteur, qu'aucun objet n'a été soustrait, et qu'il n'y a rien plus à inventorier, nous avons clôturé le présent inventaire.

Dont acte lu aux comparans.

Fait à..., les jour, mois et an que dessus, en présence..., etc.

2.ᵉ F O R M U L E.

Cejourd'hui le..., an..., à la requête de demoiselle Jeanne Labarthe, parente au second degré, du sieur Louis Borbier, décédé depuis huit jours, demeurant dans la maison qu'occupait ce dernier, située à..., commune...., canton....., département...., Nous (prénom, nom du notaire, sa résidence), nous sommes transportés dans sa maison d'habitation, pour procéder à l'inventaire des meubles meublans et effets mobiliers qui y sont, et dont elle n'a que la jouissance pendant sa vie, aux termes du testament public du sieur Louis Borbier, dé

nommé

nommé, retenu par....., notaire à..., enregistré à..., le..., par...

En conséquence, après avoir reçu la promesse des sieurs (prénom, nom, demeure des priseurs), qui ont promis d'estimer à leur valeur les objets qui leur seront offerts, nous avons, en présence du sieur Joseph Borbier, héritier universel, et celle des témoins ci-après nommés, procédé à la confection de l'inventaire requis ainsi qu'il suit.

Dans la chambre à côté du salon à manger, nous avons trouvé ;

1.º Une glace encadrée qui a été estimée...
2.º...., etc.

Et sur la déclaration que nous a fait la requérante, qu'elle n'a rien soustrait, et qu'il n'y a rien plus à inventorier, nous avons clôturé le présent inventaire.

Dont acte lu aux comparans.

Fait à........, le........., etc.

Du Partage.

475. Qu'est-ce que le partage ?

C'est la division qui se fait d'une chose commune entre plusieurs copropriétaires.

476. Faut-il que les copartageans soient majeurs, pour procéder au partage ?

18.

Oui : et alors le partage peut être fait dans la forme et par tel acte que les parties intéressées jugent convenable. (Art. 819).

Mais, si parmi eux il y a des mineurs ou des interdits, ceux-ci doivent être représentés par leurs tuteurs, spécialement autorisés par un conseil de famille (Art. 817), et alors l'action en partage doit être soumise au tribunal de première instance du lieu de l'ouverture de la succession. (Article 822). Tout autre partage en contravention aux règles citées, n'est que provisionnel. (Art. 840).

477. *De quelles obligations les copartageans sont-ils tenus ?*

Ils sont garans, les uns envers les autres, des troubles et évictions qui procèdent d'une cause antérieure au partage. (Art. 884).

478. *Quels sont les cas où le partage peut être rescindé ?*

1.º Pour cause de violence ou de dol.

2.º Lorsqu'un des héritiers établit, à son préjudice, une lésion de plus du quart. (Art. 887). Dans ce dernier cas, on doit estimer les objets suivant leur valeur, à l'époque du partage. (Art. 890). Mais le défendeur, à la demande en rescision, peut

en arrêter le cours et empêcher un nouveau partage, en offrant et fournissant au
demandeur le supplément de sa portion
héréditaire, soit en numéraire, soit en
nature. (Art. 891).

FORMULE.

PAR-DEVANT, etc.,

Ont comparu sieurs Pierre Julien, propriétaire, Benoît Marmont, agriculteur, et
Guillaume Laplace, officier de santé, demeurans tous les trois au lieu de…….., commune de…….., canton…….., département
de…….. ;

Lesquels ont dit que, désirant procéder
au partage des immeubles que sieur feu Jean
Labarthe leur légua par tiers, dans son
testament retenu le…, par…., notaire à….,
enregistré à…., le…., par…., ils avaient
préalablement prié des amis communs d'établir d'abord la consistance, la situation et la
valeur des biens, article par article, et ensuite
d'en former trois lots ;

Que de leur opération il était résulté que
les trois lots avaient été composés ;

Le Premier,

1.º D'une maison située à…….., com-

mune........ , arrondissement......., département........ , estimée quatre mille francs.

2.° D'une pièce de terre située à......,
même commune, de la contenance de.....,
confrontant du levant à......., du couchant
à......., du nord à......., et du midi à.....,
estimée cinq mille francs.

Total , neuf mille francs.

Le second Lot ,

1.° D'un pré situé sur les bords du ruis-
seau de......, même commune, de la contenance de......, confrontant du levant à....,
couchant à....., nord à......, et midi à.....,
estimé sept mille francs.

2.° D'une pièce de vigne située à......., ,
même commune, de la contenance de...., ,
confrontant du levant à......, couchant....., ,
nord......, et midi......., estimée sept mille
francs.

Total , seize mille francs.

Le Troisième ,

D'une pièce de terre labourable, située
à......., même commune, de la contenance
de......, confrontant du levant à......, du
couchant à......, du midi et du nord......., ,
estimée dix mille francs.

Les lots ainsi formés, les parties se sont

accordées de manière que le premir est échu au sieur Laplace, le second au sieur Marmont, et le troisième au sieur Julien.

Et attendu que l'estimation totale des trois lots se porte à trente-cinq mille francs ; que, d'après cette base, chacun des comparans aurait dû avoir un lot représentant la somme de onze mille six cent soixante-six francs soixante-neuf centimes ; que néanmoins deux d'entr'eux n'ont point des immeubles pour cette somme, dont le déficit est en surplus sur le second lot ; il a été arrêté que le sieur Benoît Marmont, dont le lot a été évalué seize mille francs, rembourserait, à l'instant, à chacun des deux autres, ce qui manque à l'évaluation de leurs lots respectifs, pour atteindre les onze mille six cents francs soixante-neuf centimes qui doivent leur revenir.

En conséquence, le sieur Marmont a, au vu de nous notaire et témoins, compté en numéraire, pris et vérifiés par les dénommés,

1.º Au sieur Laplace, deux mille six cent soixante-six francs soixante-neuf centimes, qui, joints aux neuf mille francs que son lot représente, forme la somme de onze mille six cent soixante-six francs soixante-neuf centimes ;

18...

2.º Au sieur Pierre Julien , seize cent soixante - six francs soixante neuf centimes , qui joints également aux dix mille francs représentés par son lot , forment aussi la somme de onze mille six cents soixante - six francs soixante - neuf centimes. Desquelles sommes les sieurs Laplace et Julien ont donné quittance au sieur Marmont.

Pourront désormais, les copartageans, jouir et disposer , à leur gré , des immeubles compris dans leurs lots ; à la charge par eux d'en payer, à dater de ce jour, les contributions.

Se sont respectivement, les copartageans , rendus garans et responsables de l'éviction que l'un d'eux pourrait éprouver dans son lot, pourvu néanmoins qu'elle ne résulte pas d'un fait postérieur au présent partage.

Dont acte lu aux comparans.

Fait à........, le......., etc.

CHAPITRE X.

Des Donations, des Testamens.

Dispositions générales.

479. *Y a-t-il plusieurs manières de disposer de ses biens à titre gratuit?*

La loi qui donne la faculté de disposer de ses biens à titre gratuit, en indique deux : la donation entre-vifs et le testament. (Article 893).

480 *Qu'est ce qu'une donation entre-vifs?*

C'est un acte par lequel le donateur se dépouille actuellement et irrévocablement de la chose donnée en faveur du donataire qui l'accepte. (Art. 894).

481. *Qu'est-ce qu'un testament?*

C'est un acte par lequel le testateur dispose pour le temps où il n'existera plus, de tout ou partie de ses biens, et qu'il peut révoquer. (Art. 895).

482. *Le code a-t-il fait revivre les substitutions abolies par les lois précédentes?*

18....

Non. (Art. 896). Mais la loi fait deux exceptions; la première en faveur des pères et mères qui peuvent, par donation ou par testament, donner à un ou à plusieurs de leurs enfans, les biens dont ils ont la faculté de disposer, à la charge, par ceux-ci, de les transmettre à leurs descendans, au premier degré seulement (Art. 1048); la seconde en faveur de ceux qui, n'ayant point d'enfans, peuvent donner, par acte entre-vifs ou testamentaire, les biens dont la loi ne fait pas une réserve expresse, à un ou plusieurs de leurs frères ou sœurs, à la charge de les transmettre à leurs enfans, inclusivement. (Art. 1049). Dans ces deux cas, les dispositions ne sont valables qu'autant qu'elles sont faites au profit des enfans nés et à naître du grevé, sans exception ni préférence d'âge ni de sexe. (Art. 1050), au premier degré seulement.

483. *Doit-on considérer comme une substitution la disposition dans laquelle un tiers serait appelé à recueillir le don, l'hérédité ou le legs, dans le cas que le donataire, l'héritier institué, ou le légataire ne voudraient point le recueillir ?*

Une disposition secondaire pouvant devenir entièrement caduque par la volonté de celui en faveur de qui une donation est faite, ne peut être considérée comme une substitution (Art. 898); parce que *substituer*, signifie qu'un objet a été donné à tel, à la charge de le transmettre à un successeur désigné.

484. *Peut-on, dans une donation ou dans un testament, donner à l'un la propriété, et à l'autre l'usufruit? Une pareille disposition serait-elle une substitution?*

On peut donner à l'un la nue propriété, et à l'autre la jouissance : cette disposition, d'après la définition contenue dans la réponse précédente, ne peut être classée au rang des substitutions. (Art. 899).

485. *Peut-on, dans une donation ou dans un testament, insérer une clause contraire aux lois ou aux bonnes mœurs?*

Non, sans doute. La conservation des mœurs et le maintien des lois concourent, tour-à-tour, à les prohiber. Le gouvernement, tant dans ses propres intérêts, que dans ceux de ses administrés, ne doit pas tolérer l'usage de pareilles clauses, qui sont réputées non-écrites, lorsque par distraction le fonctionnaire les insère dans un acte. (Art. 900).

486. *Une personne qui n'est point saine*

d'esprit, peut-elle disposer par donation ou par testament ?

Cette question, dont la solution se présente naturellement, mérite cependant quelque développement. Pour cela, il faut remonter au principe essentiel, à tous les engagemens que les hommes peuvent contracter. Ce principe requiert le consentement de celui qui s'engage, et ce consentement présuppose un discernement dans l'esprit de celui qui le donne. Pour pouvoir discerner, il faut avoir le libre exercice de son esprit, parce qu'alors on est à portée d'apprécier ce que l'on fait ; celui donc qui a son esprit aliéné, ne peut faire des dispositions ni par acte entre-vifs, ni par acte testamentaire. (Art. 901).

De la capacité de disposer ou de recevoir par donations entre-vifs ou par testament.

487. *Qui peut disposer par donation ou Testament ?*

Toutes personnes, excepté celles que la loi déclare incapables (Art. 902).

488. *Quel est le cas où le mineur, âgé de moins de seize ans, peut disposer ?*

Si le mineur est du sexe féminin, il peut, en se mariant à l'époque déterminée (Article 144), faire à l'autre époux tous les avantages dont le majeur est capable; mais pour que cette libéralité soit valide, il faut qu'elle soit approuvée par ceux dont le consentement et l'assistance sont requis, pour que le mariage soit valable. (Art. 1095).

Le mineur masculin ne peut jouir de ces prérogatives, qu'autant qu'il aura dix-huit ans révolus, époque où il peut se marier. (Art. 144).

489. *Parvenu à l'âge de seize ans, le mineur peut-il disposer de la quotité fixée par la loi? Quelle est cette quotité? Dans quelle forme peut-il en disposer?*

Le mineur, n'importe son sexe, peut, lorsqu'il a atteint l'âge de seize ans, disposer de la quotité dont la loi lui laisse la libre faculté; mais cette quotité se réduit à la moitié de celle que la loi assigne au majeur, et il ne peut en disposer que dans la forme testamentaire. (Art. 904).

490. *La femme mariée peut-elle consentir une donation entre-vifs?*

Si la femme mariée a le consentement de son mari, ou à son refus l'autorisation de la justice, il n'y a pas de doute qu'elle ne

puisse consentir une donation entre - vifs ;
mais si elle n'a l'un ni l'autre, elle ne peut
disposer de cette manière. (Articles 217 ,
219 et 905).

491. *Pourquoi en est-il autrement, quand
elle dispose par testament ?*

Les motifs de la différence prennent leur
source dans la faiblesse , presque toujours
inséparable de ce sexe. La donation étant
irrévocable de sa nature , et dépouillant dès
l'instant même le donateur , la loi a voulu ,
avec sagesse , que la femme mariée ne fût
point exposée à des sacrifices mal-combinés.
La loi a également prévu le cas où le mari
refuserait, sans raison , son consentement à
une donation qui se trouverait pourtant en
harmonie , soit avec les affections de la
femme , soit avec les bienséances; alors ,
pour suppléer à son refus , l'autorisation de
la justice lui est nécessaire : elle trouve dans
des juges impartiaux des hommes qui savent
apprécier les circonstances , et qui, s'il y a
lieu , se font un devoir d'accorder l autorisation requise.

492. *Quelle est la capacité requise pour
pouvoir recevoir par acte entre - vifs et par
testament ?*

Il suffit d'être conçu au moment de la donation, pour être capable de recevoir entre-vifs ; il suffit également d'être conçu à l'époque du décès du testateur, pour être capable de recevoir par testament : cependant, dans l'un et l'autre cas, il faut que l'enfant soit né viable, pour que les dispositions faites en sa faveur soient valables. (Art. 906).

493. *Un mineur peut-il, à l'âge de seize ans, disposer au profit de son tuteur ?*

Il ne le peut pas; la loi toujours prévoyante, a été au-devant des dispositions de cette nature, qui, en général, n'auraient eu d'autres bases que l'influence de l'ascendant du tuteur sur son pupille. Il y a toutefois une exception à cette règle, que le lecteur pourra voir dans la réponse suivante. (Art. 907).

494. *Ce mineur, devenu majeur, peut-il disposer par donation entre-vifs ou par testament, au profit de celui qui aurait été son tuteur?*

Le mineur, parvenu à sa majorité, ne peut disposer ni par testament ni par donation, au profit de son tuteur, si celui-ci n'a point rendu ses comptes définitifs; jusqu'alors, des comptes toujours embrouillés, une responsabilité gênante, enfin, des vues d'intérêt particulier fairaient suspecter de pareilles dispositions : et la loi qui ne veut y trouver que la libre volonté de celui qui les fait, les a prohibées. Il y a cependant une exception en faveur des ascendans ; l'affection naturelle éloigne d'eux toute idée de surprise et de captation. Le mineur peut donc, soit pendant sa minorité, soit à sa majorité, disposer en faveur d'un ascendant qui est ou qui a été son tuteur. (Même article).

495. *Peut on exercer par donation entre-vifs ou par testament, des libéralités illi-mitées en faveur des enfans naturels ?*

La réponse négative ne peut être douteuse: on ne peut, dans aucun cas, soit par acte entre-vifs ou testamentaire, leur donner au-delà de ce que la loi leur détermine au titre des successions, dont les articles 756, 757 et 758 sont ainsi conçus :

Les enfans naturels ne sont point héritiers ; la loi ne leur accorde de droit sur les biens de leurs pères ou mères décédés, que lorsqu'ils ont été légalement reconnus : elle ne leur accorde aucun droit sur les biens des parens de leurs pères ou mères. (Art. 756).

Le droit de l'enfant naturel sur les biens de ses père ou mère décédés, est réglé ainsi qu'il suit :

Si le père ou la mère a laissé des descendans légitimes, ce droit est d'un tiers de la portion héréditaire que l'enfant naturel aurait eue, s'il eût été légitime : il est de la moitié, lorsque les père ou mère ne laissent pas de descendans, mais bien des ascendans ou des frères ou sœurs ; il est des trois quarts, lorsque les père ou mère ne laissent ni descendans, ni ascendans, ni frères, ni sœurs. (Art. 757).

L'enfant naturel a droit à la totalité des biens, lorsque ses père ou mère ne laissent pas des parens au degré successible. (Article 758).

496. *Une libéralité contenue dans une donation entre-vifs ou testamentaire, en faveur des docteurs en médecine ou chirurgie, qui auraient traité l'auteur de cette disposition, pendant la maladie dont il serait mort, serait-elle valable ?*

Non : pour ne pas entrer dans une répétition inutile, on renvoit le lecteur à la réponse 493, dans laquelle il a déjà trouvé les motifs qui prohibent les dispositions d'un mineur en faveur de son tuteur. Sont néanmoins valables, les dispositions en pareil cas, faites eu égard aux services rendus et aux facultés du disposant. Sont encore valables, les dispositions universelles faites dans le cas de parenté, jusqu'au quatrième degré inclusivement ; pourvu que le décédé n'ait pas d'héritier en ligne directe. (Art. 909).

497. En serait-il de même à l'égard des ministres des cultes ?

Il n'y a nul doute : les mêmes règles leur sont communes. (Même article).

498. Les dispositions faites en faveur des hospices des pauvres d'une commune ou d'établissement d'utilité publique , sont-elles efficaces par la seule volonté du disposant ?

Non : elles n'ont d'effet qu'autant que le gouvernement les a autorisées. (Art. 910).

499. Les dispositions au profit d'un incapable , sont-elles valables ?

Non : soit qu'on les déguise sous la forme d'un contrat onéreux , soit qu'on les fasse sous le nom des personnes interposées ; et ces personnes sont les pères et mères , les enfans et descendans , et l'époux de la personne incapable. (Art. 911).

500. Peut on disposer en faveur d'un étranger ?

Oui : dans le cas seulement où cet étranger pourrait disposer en faveur d'un français. (Art. 912).

De

De la portion de biens disponible, et de la réduction.

5o1. *Quelle est la quotité dont on peut disposer par acte entre-vifs ou testamentaire, quand on laisse à son décès un enfant légitime ?*

Si un père ou une mère ne laisse à son décès qu'un enfant légitime, il peut disposer envers qui bon lui semblera, de la moitié de ses biens. (Art. 913).

5o2. *Et si le disposant laisse deux enfans ou d'avantage ?*

Si au contraire il en laisse deux, il ne peut disposer que du tiers, et du quart s'il en laisse trois ou un plus grand nombre. (Art. 913).

5o3. *A défaut d'enfant, quelle est la légitime déférée aux ascendans?*

Elle est du quart des biens du disposant, pour chacun des ascendans. Ainsi un testateur ou un donateur, sans enfans, pourra disposer de la moitié de ses biens, s'il a un ascendant dans la ligne paternelle, et un autre dans la ligne maternelle ; et des trois quarts, s'il ne lui reste qu'un ascendant, n'importe dans quelle ligne. (Art. 915).

504. *Peut-on, par donation ou testament, épuiser la totalité de ses biens, lorsqu'on n'a ni ascendant ni descendant?*

La loi ne faisant de réserve expresse que pour les ascendans et descendans du disposant, il est évident que ce dernier peut, à défaut des uns et des autres, disposer par acte entre-vifs ou testamentaire, de tous les biens qu'il peut avoir. (Art. 916).

505. *Si la disposition par donation ou testament était d'un usufruit ou d'une rente viagère, excédant la quotité disponible, les héritiers au profit de qui la loi fait une réserve, pourraient-ils en demander la réduction?*

Ils ont la faculté de laisser subsister cette disposition ou de faire l'abandon de la propriété de la quotité disponible. (Art. 917).

506. *La vente de certains biens, faite à un successible en ligne directe, soit à charge de rente viagère, soit à fonds perdu, ou avec réserve d'usufruit, mais qui excéderait la quotité disponible, serait-elle valable?*

Si les autres successibles au même degré, n'ont point consenti à cette aliénation, il n'y a pas de doute que la réduction ne doive s'opérer dans l'hypothèse présentée. S'il en était autrement, on trouverait facilement le moyen d'éluder la loi. En effet, un père qui a trois enfans, et qui par cela seul ne peut disposer que du quart de ses biens, pourrait pourtant outre-passer cette faculté en vendant à un de ses héritiers présomptifs un objet qui en représenterait la moitié, et dont il réserverait ou l'usufruit ou une rente viagère à son profit. La loi prohibe cette manière de disposer, et réduit une pareille vente à la quotité disponible. (Art. 918).

507. *Peut-on, par acte entre-vifs ou testamentaire, disposer de la quotité déterminée, sans être sujette à rapport par le donataire ou légataire venant à la succession ?*

Pour que la donation de la quotité disponible, faite à un des héritiers présomptifs, ait son entier effet, sans obliger le donataire ou légataire venant à la succession d'en faire le rapport à la masse, il faut que l'acte qui contient cette disposition, mentionne qu'elle a été expressément faite à titre de *préciput ou hors part.* (Art. 919).

508. *Est-il nécessaire que la déclaration, que le legs où le don est à titre de préciput ou hors part, soit faite dans l'acte qui contient la disposition ?*

Elle peut être faite dans le même acte; mais elle peut être faite aussi dans un acte particulier , pourvu que celui-ci soit dans la forme testamentaire ou dans celle des donations entre-vifs. (Art. 919).

509. *Une disposition qui excéderait la quotité disponible, est-elle nulle ?*

La loi du 4 germinal an 8 avait laissé des doutes ; mais le code réduit à la quotité disponible, les libéralités excessives. (Article 920).

De la forme des donations entre-vifs.

510. *L'acte qui contient une donation, peut-il être passé sous seing-privé, ou doit-il être passé devant notaire ?*

La loi , en disant que tout acte portant donation doit être passé devant notaire, sous peine de nullité , défend, par cela seul, de donner par acte sous seing-privé. (Art. 931).

511. *Doit-il en rester minute ?*

La donation étant un acte synallagmatique, c'est-à-dire, obligeant réciproquement les parties , il n'est pas douteux qu'il ne doive en rester minute , sous peine de nullité. (Article 931).

512. *Quelle est la forme de l'acte entre-vifs ?*

Celle des contrats. (Art. 931).

513. *La donation a t-elle d'effet et engage-t-elle le donateur du moment qu'il l'a conséntie ?*

Non : il faut l'acceptation formelle du donataire ; et ce n'est que de ce moment-là, que la donation produit ses effets. (Article 932).

514. *Y a-t-il un délai fixé pour l'acceptation ? Comment doit-elle être faite ? L'acte qui la renferme doit-il être notifié au donateur ?*

L'acceptation que doit faire le donataire, n'a de délai fatal que la mort du donateur. L'acte qui la contient, doit être passé par-devant notaire, et il doit en rester minute. Cet acte doit en outre être notifié au donateur ; et ce n'est que du jour de la notification, que la donation a d'effet à l'égard de ce dernier. (Art. 932).

515. *Le majeur peut-il accepter une donation ?*

Oui : (Art. 933).

516. *S'il n'est pas bien aise de l'accepter lui-même, peut-il la faire accepter par une tierce-personne ; quelles sont les formalités à observer en pareil cas ?*

Il peut se faire représenter par un fondé

de pouvoirs ; mais il faut alors que la procuration soit faite devant notaire ; qu'une
expédition soit annexée à la minute de la
donation ou à celle de l'acceptation faite par
acte séparé ; et qu'elle contienne le pouvoir
spécial d'accepter la donation faite, ou un
pouvoir général d'accepter toutes donations
qui auraient été ou qui pourraient être faites.
(Art. 933).

517. *L'acceptation d'une donation peut-
elle être faite par une femme mariée, sans
le consentement du mari, ou à son refus
sans l'autorisation de la justice ?*

Les mêmes raisons de prohiber à la femme
mariée de donner sans le consentement de
son mari, ou à son refus, sans l'autorisation
de la justice, s'opposent à ce qu'elle puisse
accepter une libéralité sans le consentement
du mari, ou à son refus, sans l'autorisation
de la justice. (Art. 217, 219 et 934).

518. *Ne peut-elle pas l'accepter sans ces
formalités, si elle est séparée de biens ?*

Les art. 217 et 219 qui traitent cette matière, ne font aucune différence entre la
femme séparée et celle qui ne l'est pas.

519. *Qui doit accepter la donation faite
à un mineur non émancipé, ou à un interdit ?*

Le tuteur autorisé par le conseil de famille.
(Art. 463 et 935).

520. *Le mineur émancipé, peut-il l'accepter ?*

Le mineur, émancipé, peut accepter une donation, s'il est assisté de son curateur. (Art. 935).

521. *Les père et mère, même les autres ascendans du vivant de ceux-ci, quoiqu'ils ne soient ni tuteurs ni curateurs du mineur, peuvent-ils accepter une donation pour lui, soit qu'il soit émancipé, soit qu'il ne le soit pas ?*

Oui : (Art. 935.) c'est un nouvel hommage rendu à la puissance paternelle.

522. *Le sourd-muet qui sait écrire, peut-il accepter lui-même une donation? Peut-il encore la faire accepter par un fondé de pouvoirs ?*

Il le peut dans les deux cas. (Art. 936). Dans le premier, il doit, pour suppléer à une acceptation verbale, écrire au bas de l'acte de la donation qui lui est faite, qu'après en avoir pris lecture, il l'accepte avec toutes les charges, clauses et conditions qui lui sont imposées, et il doit signer sa déclaration.

Dans le second, il doit écrire au haut de l'acte notarié qui contiendra sa procuration,

19....

qu'il nomme pour son procureur-fondé, spécial ou général , tel ou tel... , à qui il donne
pouvoir de... et signer sa déclaration.

523. *S'il ne sait pas écrire , par qui doit
être faite l'acceptation ?*

Il y sera suppléé par un curateur nommé
à cet effet. (Art. 936).

524. *Qui doit accepter la donation faite
au profit des pauvres d'une commune , des
hospices ou des établissemens d'utilité publique ?*

L'acceptation doit être faite par les administrateurs de ces établissemens , autorisés
par le gouvernement. (Art. 937).

525. *Qu'est-ce qui rend la donation parfaite ?*

Le consentement du donateur et du donataire. (Art. 938).

526. *Où doit se faire la transcription d'un
acte portant donation de biens susceptibles
d'hypothèques ?*

L'acte de donation doit être transcrit au
bureau des hypothèques de l'arrondissement
où les biens sont situés. (Art. 939).

527. *L'acte d'acceptation fait séparément,
requiert-il également cette formalité ?*

L'acte qui contient l'acceptation ainsi que

la notification, doivent être transcrits au même bureau. (Art. 939).

528. *A la diligence de qui la transcription d'une donation faite à une femme mariée, doit-elle être faite?*

A celle du mari; mais à son refus la femme peut y procéder sans son consentement et sans l'autorisation de la justice. (Art. 940).

529. *A la diligence de qui doit être faite la transcription d'une donation faite à des mineurs, à des interdits, ou à des établissemens publics?*

A celle des tuteurs et curateurs, si la donation a été faite à des mineurs ou à des interdits; et à celle des administrateurs lorsque la donation est faite à des établissemens publics. (Art. 940).

530. *Quels biens peut comprendre la donation entre-vifs?*

Elle ne peut comprendre que les biens présens du donateur. Si elle embrasse des biens à venir, elle est nulle à cet égard. (Art 943).

531. *La donation faite sous une condition, dont l'exécution dépend de la seule volonté du donateur, est-elle valable?*

Donner et retenir ne vaut. Tels sont les anciens principes avec lesquels les nouveaux sont en harmonie. Une donation qui serait faite sous cette condition, serait nulle, par cela seul qu'il dépendrait de la volonté du donateur de diminuer, de réduire même à *zéro*, la libéralité qu'il aurait faite. (Article 944).

532. *La donation qui est faite à la charge de payer d'autres dettes ou charges que celles qui existaient à cette époque, ou qui sont exprimées dans l'acte de donation, ou dans l'état y annexé, est-elle valable?*

La solution de la question se trouve dans les principes dont on vient de parler. Ainsi, une donation serait nulle si elle était faite à la charge de payer les dettes, autres que celles que le donateur aurait déclaré exister à cette époque, et qui seraient exprimées dans l'acte, ou qui seraient insérées dans l'état y annexé, parce que, s'il en était autrement, le donateur, par des dettes simulées, pourrait absorber la totalité de la donation. (Art. 945).

533. *Si le donateur meurt sans avoir disposé d'un effet quelconque, compris dans la donation, et dont il se serait réservé la libre disposition, à qui appartient cet effet?*

L'effet réservé appartient de droit aux

héritiers du donateur, si celui-ci n'en dispose pas de son vivant, malgré toute clause et stipulation contraire. (Art. 946).

534. *Les règles qui régissent les donations mentionnées dans les quatre cas précédens, sont-elles communes à toutes sortes de donations ?*

Non : pour en connaître la différence, on renvoit le lecteur aux réponses relatives aux donations faites par contrat de mariage. (Art. 947).

535. *Quelle est la marche à suivre dans une donation d'effet mobilier?*

Pour qu'une pareille donation soit valable, il faut que la description et l'estimation des effets mobiliers soit faite article par article, dans l'acte lui-même, ou dans un état, qui sera signé par le donateur et le donataire, ou par ceux qui acceptent pour lui ; et cet état devra être annexé à la minute. (Art. 948).

536. *Le donateur peut-il, dans une donation de meubles ou immeubles, s'en réserver pour lui ou pour un autre la jouissance ou l'usufruit?*

Le donateur a la faculté de réserver pour lui ou pour quelqu'autre, la jouissance des effets mobiliers, et l'usufruit des immeubles donnés. (Art. 949).

537. *Le donateur peut-il stipuler le droit de retour des objets donnés ?*

Le droit de retour des objets donnés, ne peut être stipulé qu'au profit du donateur *seul.* Et dans ce cas, il peut l'établir, soit dans l'hypothèse du prédécès du donataire seul, soit dans celle du donataire et de ses descendans. (Art. 951).

Des Exceptions à la règle de l'irrévocabilité des donations entre-vifs.

538. *N'y a-t-il pas de cas où la donation entre-vifs est révocable ? Quels sont ces cas ?*

Quoique la donation entre-vifs soit irrévocable de sa nature, la loi a pourtant mis dans certains cas un terme à leur irrévocabilité ; et ces cas sont, 1.º l'inexécution des conditions, sous les auspices desquelles la donation aurait été faite ; 2.º l'ingratitude du donataire ; 3.º la survenance d'un enfant après la donation. (Art. 953).

539. *La loi distingue-t-elle l'espèce d'ingratitude qui peut faire révoquer une donation ?*

Oui : sans cela , il eût été possible qu'on eût donné au mot *ingratitude*, une trop grande extension. La loi désigne donc trois espèces d'ingratitudes , 1.° l'attentat à la vie du donateur par le donataire; 2.° les sévices , les délits ou injures graves ; 3.° le refus d'alimens. (Art. 955). Dans ces trois cas, comme dans celui de l'inexécution des conditions, la révocation n'a pas lieu de plein droit. (Art. 956).

540. *La cause d'ingratitude peut - elle faire révoquer une donation faite en faveur de mariage ?*

Non : c'est un privilége de plus accordé à cet acte important. (Art. 959).

541. *Une donation faite par celui qui n'a ni enfant ni descendant , au moment où il la consent , est - elle révocable par la survenance d'un enfant , quoique cette donation soit mutuelle ou rémunératoire , ou en faveur de mariage , ou enfin à quel titre que ce soit ?*

Une donation mutuelle , rémunératoire , et par ce mot on entend celle qui est faite en reconnaissance de quelque service ou de quelque bienfait qu'on a reçu du donataire : celle en faveur du mariage ou à quel titre que ce soit , par une personne sans enfans ou descendans au moment où elle a été consentie, est révoquée de plein droit par la survenance d'un enfant légitime du donateur, même d'un posthume, ou par la légitimation d'un enfant naturel, par mariage subséquent, s'il est né depuis. Sont exceptées les donations faites en faveur de mariage, par les ascendans aux conjoints entr'eux. (Art. 960).

542. *La donation ainsi révoquée, peut-elle revivre et avoir de nouveau son effet par la mort de l'enfant du donateur?*

Les donations qui auront été ainsi révoquées, ne peuvent revivre ni avoir de nouveau leur effet, ni par la mort de l'enfant du donateur, ni par aucun acte confirmatif; mais si le donateur est dans la même intention à l'égard du donataire, il pourra, par une nouvelle disposition, soit avant ou après la mort de l'enfant, lui donner les biens compris dans la donation révoquée. (Art. 964).

543. *Le donateur peut-il renoncer à la révocation d'une donation pour survenance d'enfans ?*

Seront regardées comme nulles et sans effet, les clauses ou conventions par lesquelles le donateur aurait renoncé à la révocation de la donation pour survenance d'enfans. (Art. 965).

Des donations faites par contrat de mariage aux époux et aux enfans à naître du mariage.

544. *Peut-on dans un contrat de mariage disposer des biens présens ou d'une partie, au profit des enfans qui en naîtront?*

La solution de cette question est contenue dans la réponse 482.

545. *Les pères et mères, les autres ascendans, les parens collatéraux des époux, et même les étrangers, peuvent-ils par contrat de mariage donner tout ou partie des biens qu'ils laisseront à leur décès?*

Toute personne, soit père , mère, autre ascendant, parente collatérale, même étrangère, pourra par contrat de mariage disposer en faveur des époux ou de l'un d'eux , d'une partie ou de la totalité des biens qu'elle laissera à son décès. Cette donation pourra non-seulement être faite au profit des époux, mais encore à celui des enfans à naître du mariage, dans le cas où le donateur survivrait à l'époux donataire. (Art. 1082).

546. *Les biens compris dans une donation*

faite seulement au profit des époux ou de l'un d'eux, feraient-ils retour au donateur, s'il survivait à l'époux donataire, laissant des enfans?

Une donation de cette nature, quoiqu'elle ne soit faite qu'au profit des époux ou de l'un d'eux, est toujours dans le cas de survie du donateur, présumée faite au profit des enfans et descendans à naître du mariage. (Art. 1082).

547. *Une donation faite par contrat de mariage, peut-elle comprendre les biens présens et à venir?*

Il n'y a nul doute ; mais il faut qu'il soit annexé à l'acte un état nominatif des dettes et charges du donateur existantes à cette époque. Alors le donataire, au décès du donateur, a la faculté de s'en tenir aux biens présens, en renonçant au surplus des biens du donateur ; mais si l'état dont il est mention n'est point annexé à cet acte ʾ, le donataire est forcé d'accepter ou de répudier le tout. Dans le premier cas , il est tenu du paiement de toutes les dettes et charges. Il est donc bien important que MM. les notaires apportent, dans pareille circonstance, la plus grande attention. (Art. 1084 et 1085).

548. *Une donation, par contrat de mariage*

riage , *des biens présens et à venir, peut-
elle être faite à condition de payer indistinctement les dettes et charges de la succession du donateur ?*

Non - seulement une pareille donation
peut avoir lieu sous cette conditon, mais
encore sous celle dont l'exécution dépendrait de la volonté du donataire, qui, dans
les deux cas, est tenu d'accomplir le tout
ou de renoncer à la donation. (Art. 1086).

549. *L'effet réservé par le donataire dans
une donation par contrat de mariage, ap-
partient-il aux héritiers du donateur, si
celui - ci n'en a pas disposé ?*

Ce qui est réservé dans une semblable
donation , appartient au donataire ou à ses
héritiers, parce qu'il est censé en faire partie.
(Art. 1086).

550. *L'acceptation est - elle de rigueur
dans les donations faites par contrat de
mariage ?*

Non : elles ne peuvent être attaquées ni
déclarées nulles sous ce prétexte. (Art. 1087).

551. *Si le mariage ne s'en suit pas , la
donation faite en faveur , est - elle valable ?*

La loi la déclare caduque. (Art. 1088).

Des dispositions entr'époux, soit par contrat de mariage, soit pendant le mariage.

552. *Toute donation entre - vifs des biens présens, faite entr'époux par contrat de mariage, est-elle censée faite sous la condition de survie du donataire ?*

Non : il faut pour cela que cette condition soit formellement exprimée.

EXEMPLE : Un époux, par contrat de mariage, fait une libéralité à l'autre. Le donataire meurt ; la libéralité ne fait plus partie des biens du donateur ; mais elle augmente la succession du donataire ; au lieu que si la donation est faite sous la condition de survie du donataire , celui - ci venant à mourir, le donateur rentre dans la propriété des biens donnés. (Art. 1092).

553. *Quelles sont les règles qui régissent les donations des biens à venir, ou des biens présens et à venir, faite entr'époux par contrat de mariage?*

Celles concernant les donations faites aux époux par des tiers, et qu'on vient de traiter, à la différence seulement qu'elles ne sont point transmissibles aux enfans issus du mariage, en cas de décès de l'époux donataire avant l'époux donateur. (Art. 1093).

554. *Quelle est la quotité dont l'époux peut disposer envers l'autre, soit par contrat de mariage, soit pendant, dans la supposition qu'il y ait des enfans ou descendans ?*

Dans ce cas, l'époux ne peut donner à l'autre que le quart de ses biens en propriété, et un autre quart en usufruit, ou la moitié de tous ses biens en usufruit seulement. (Art. 1094).

555. *Quelle est celle dont il peut disposer, s'il n'a ni enfant ni descendant ?*

Il peut disposer, en propriété, de tout, hormis de ce qui est réservé par la loi aux héritiers. (Ces héritiers sont les ascendans). Il peut en outre disposer de l'usufruit total, y compris même la portion réservée par la loi. (Art. 1094).

556. *Un époux peut-il donner à l'autre pendant le mariage ?*

Rien ne s'oppose à une pareille disposition; mais, dans ce cas, la donation entre-vifs n'est pas irrévocable ; et si c'est la femme qui l'a consentie, elle peut, sans le consentement de son mari et l'autorisation de la justice, la révoquer. (Art. 1096).

557. *La survenance d'enfans révoque-t-elle la donation entre-vifs, faite par les époux entr'eux, durant le mariage ?*

Non. (Art. 1096).

558. *Les époux peuvent-ils, pendant le mariage, par acte entre-vifs ou testamentaire, disposer réciproquement entr'eux dans un seul et même acte?*

La loi déclare nulles les dispositions mutuelles entr'époux, qui seraient contenues dans un seul et même acte. (Art. 1097).

559. *Quelle est la quotité dont l'homme ou la femme, ayant des enfans d'un autre lit, peut disposer envers l'époux avec lequel il contracterait un mariage subséquent?*

Dans cette hypothèse on ne peut donner au nouvel époux qu'une part d'enfant légitime, le moins prenant, sans que, dans aucun cas, la donation puisse excéder le quart des biens du disposant. (Art. 1098).

560. *Les époux ne peuvent-ils pas alors se donner indirectement au-delà de ce que la loi prescrit?*

Non : toute donation déguisée ou faite à personne interposée, est nulle. (Art. 1099).

561. *Quelles sont les personnes que la loi répute interposées ?*

La loi considère et répute comme personnes interposées, celles qui sont comprises dans les deux exemples suivans : 1.° un époux ayant un ou plusieurs enfans se remarie avec un autre époux qui est dans la même hypothèse ; les enfans de l'époux à qui on voudrait donner indirectement, sont dans le cas de la loi : 2.° un époux ayant des enfans, se remarie avec une personne qui a ou qui n'a point d'enfans ; les parens de l'époux, à qui on voudrait donner indirectement, et de qui ce même époux serait l'héritier présomptif, sont également réputés par la loi personnes interposées. (Art. 1100).

562. *Lorsque les époux, par leur contrat de mariage, se donnent l'usufruit des biens qui se trouveront leur appartenir à leur décès, le survivant est-il tenu, ainsi que tout usufruitier, de fournir caution, conformément à l'article 601, quand l'acte constitutif ne l'en dispense pas ?*

L'article cité ne faisant d'autre exception qu'en faveur des père et mère du vendeur ou donateur, sous réserve d'usufruit, il faut en conclure que le survivant des époux doit être assujetti au bail de caution, à moins qu'on ne voulût prétendre le contraire, à raison de la considération attachée au contrat de mariage ; mais, comme les consé-

quences prises du silence de la loi , pourraient occasionner des procès ruineux , il
est de la prudence du notaire qui rédige
un contrat de mariage , une donation ou un
testament, de mentionner dans l'acte la
volonté des disposans , soit qu'elle tende à
soumettre les donataires à cette formalité,
ou à les en dispenser.

Des règles générales sur la forme des Testamens.

563. *Aujourd'hui comme autrefois, la validité d'un testament est-elle subordonnée à l'institution d'héritier?*

L'ordonnance de 1735 prescrivait, dans les dispositions testamentaires , sous peine de nullité, l'institution d'héritier; la loi qui régit aujourd'hui cette matière, n'est pas aussi sévère ; elle permet, non-seulement de disposer de cette manière , mais encore elle autorise celle du legs, ainsi que toutes celles propres à manifester la volonté du testateur. (Art. 967).

564. *Qu'est ce que l'institution d'héritier?*

L'institution d'héritier est la nomination faite par le testateur, de celui qu'il appèle

à la succession de ses droits et de ses biens.
Cette institution est ou particulière ou universelle. EXEMPLE : Je lègue à Joseph,
que j'institue mon héritier particulier, la
somme de trois mille francs : quant au restant de tous mes biens, j'institue Bernard,
mon héritier universel.

565. *Qu'est-ce qu'un legs ?*

Le mot *legs*, pris dans toute son acception,
ne signifie autre chose qu'une libéralité
faite à quelqu'un par acte testamentaire. Il
y a *legs particulier*, *legs à titre universel*
et *legs universel*. Il sera parlé des uns et des
autres, immédiatement après le développement des formes relatives aux testamens.

566. *Le même acte peut-il contenir le
testament de deux ou plusieurs personnes ?*

La loi prohibe d'insérer dans un acte les
dispositions de deux ou de plusieurs personnes, soit qu'elles soient au profit d'un
tiers, soit enfin qu'elles soient mutuelles
et réciproques. (Art. 968).

567. *Combien y a-t-il de sortes de testamens ?*

Il y en a trois, 1.° le testament olographe ;
2.° le testament public ; 3.° le testament
mystique. (Art. 969).

568. *Quelle est la forme du testament olographe?*

La loi n'exige d'autres formalités pour cet acte, que celles-ci : il faut qu'il soit écrit en entier , daté et signé de la main du testateur. (Art. 970).

569. *Qu'est-ce qu'un testament fait par acte public, et en quoi consistent ses formes ?*

Le testament fait par acte public est celui qui est reçu par deux notaires, en présence de deux témoins, ou par un notaire en pré-sence de quatre témoins.

Si le testament est reçu par deux notaires, il leur est dicté par le testateur, et il doit être écrit par l'un de ces notaires , tel qu'il est dicté.

S'il n'y a qu'un notaire, il doit également être dicté par le testateur, et écrit par ce notaire.

Dans l'un et l'autre cas, il doit en être donné lecture au testateur, en présence des témoins.

Il est fait du tout mention expresse. (Art. 971 et 972).

570. *La mention que le notaitre a écrit le testament , est-elle requise sous peine de nullité ?*

Cette question , lors de l'émission du

code, a présenté des difficultés. Des juris-
consultes du premier mérite ont été con-
troversés; nous ne rapporterons pas leurs
opinions; il nous suffira de dire que d'après
des arrêts rendus par plusieurs Cours d'appel,
confirmés par la Cour de cassation, cette
mention est requise sous peine de nullité;
comme aussi le notaire doit mentionner,
sous la même peine, que le testament lui a
été dicté par le testateur.

571. *En est-il de même pour la mention
de la lecture?*

La mention de la lecture n'est pas une
formalité nouvelle comme la précédente.
Elle était expressément recommandée par
l'ordonnance de 1735. Aussi l'habitude que
l'on avait de la remplir, a facilité l'exécution de la loi, qui, à cet égard, exige
également, sous peine de nullité, la mention de la lecture faite en présence des
témoins. (Même art.).

572. *Est-il nécessaire que le testateur
sache écrire, pour pouvoir faire un testament
public?*

Non : il suffit qu'il puisse prononcer lui-
même ses volontés. Ainsi, celui qui ne peut
point parler ne peut point disposer de cette
manière. (Art. 972).

573. Si le testateur sait écrire, mais qu'il ne puisse signer à l'époque où il fait son testament public, quelle précaution doit prendre le notaire ?

Il faut qu'à la fin de l'acte le notaire mentionne quelle est la cause qui a empêché le testateur de signer, et qu'il fasse également mention de sa déclaration. (Art. 973).

574. Quelle est encore la précaution que le notaire doit prendre si le testateur ne sait pas signer ?

Si le testateur ne sait point écrire, le notaire doit également, à la fin de l'acte, mentionner sa déclaration expresse à cet égard. (Même art.).

574. Le testament doit-il être signé par les témoins ?

La signature de ceux-ci est requise, sous peine de nullité. (Art. 974).

576. N'y a-t-il pas une exception à cette règle ?

Cette exception, consacrée dans la loi, est uniquement en faveur des testamens qui seront reçus dans les campagnes ; elle n'exige, pour leur validité, que la signature de deux témoins, lorsque l'acte est retenu par un seul notaire ; et celle d'un seul témoin, lorsque deux notaires reçoivent le testament. (Même art.).

577. *Le testament retenu dans une ville serait-il nul, s'il n'était pas revêtu de la signature de tous les témoins?*

L'exception n'étant qu'en faveur des testamens reçus dans les campagnes, il est évident qu'un testament reçu dans une ville, doit, pour sa validité, être revêtu de la signature des témoins appelés. (Même art.).

578. *Les légataires peuvent-ils être pris pour témoins ?*

Non : les motifs qui ont porté le législateur à prohiber aux légataires d'être pris pour témoins, sont si frappans, qu'il est inutile d'en faire le détail. (Art. 975).

579. *Peut-on prendre pour témoins les parens des légataires ?*

C'est par suite de ces mêmes motifs que les parens des légataires, jusqu'au quatrième degré inclusivement, ne peuvent pas non plus prêter leur ministère en qualité de témoins. (Art. 975).

580. *Le notaire peut-il prendre son clerc pour témoin ?*

Non. (Même art.).

581. *Quelle est la forme du testament mystique?*

Lorsque le testateur voudra faire un testament mystique ou secret, il sera tenu de signer ses dispositions, soit qu'il les ait écrites lui-même, ou qu'il les ait fait écrire par un autre. Sera le papier qui contiendra ses dispositions, ou le papier qui servira d'enveloppe, s'il y en a une, clos et scellé. Le testateur le présentera, ainsi clos et scellé, au notaire et à six témoins au moins, ou il le fera clore et sceller en leur présence, et il déclarera que le contenu en ce papier est son testament écrit et signé de lui, ou écrit par un autre et signé de lui; le notaire en dressera l'acte de suscription qui sera écrit sur ce papier ou sur la feuille qui servira d'enveloppe; cet acte sera signé tant par le testateur que par le notaire, ensemble par les témoins. Tout ce que dessus sera fait de suite et sans divertir à autres actes. (Art. 976).

582. *Qu'est-ce qu'un acte de suscription ? quelles sont ses formes ?*

L'acte de suscription est celui que le notaire, comme on vient de le voir dans la réponse précédente, dresse sur l'enveloppe ou sur le papier qui contient les dispositions de celui qui le lui présente ; il doit contenir, 1.º la remise qu'en a fait le testateur au notaire, en présence de six témoins ; 2.º la manière dont le papier ou l'enveloppe sont clos et scellés, et s'ils ont été clos et scellés en leur présence ou avant ; 3.º enfin, la déclaration du testateur, portant que le papier remis renferme son testament écrit par lui ou par un autre, mais signé de lui. Cet acte doit être lu par le notaire, et signé, comme il l'a été dit à la fin de la précédente réponse.

583. *Si le testateur a signé ses dispositions, soit qu'il les ait écrites lui - même ou qu'il les ait fait écrire par un autre, mais qu'il ne puisse signer l'acte de suscription, est-il nécessaire alors que le notaire remplisse une autre formalité ?*

Si le testateur, qui a signé ses dispositions, ne peut signer l'acte de suscription par un empêchement survenu du depuis, il sera fait mention de la déclaration que le testateur fera à cet égard, sans qu'il soit nécessaire, dans ce cas, d'augmenter le nombre des témoins. (Art. 976).

584. *Quelle est encore la formalité que le notaire doit remplir, si le testateur ne sait point signer, ou s'il n'a pu le faire*

lorsqu'il a fait écrire son testament?

Si le testateur ne sait signer, ou s'il n'a pu le faire lorsqu'il a fait écrire ses dispositions , il sera, dans ce cas, appelé à l'acte de suscription , un septième témoin , qui signera avec les autres , et l'acte mentionnera la cause pour laquelle il aura été appelé. (Art. 977).

585. *Ceux qui ne savent ou ne peuvent lire , peuvent-ils disposer dans la forme du testament mystique?*

Ceux qui ne savent, ainsi que ceux qui ne peuvent lire, ne peuvent point disposer dans la forme du testament mystique, parce qu'ils seraient dans l'impossibilité de vérifier eux-mêmes si leurs dispositions auraient été rendues conformément à leurs intentions, (Art. 978).

586. *En est·il de même pour les muets qui savent écrire?*

Ceux qui ne peuvent parler, pourront disposer dans la forme mystique, pourvu qu'ils sachent écrire. (Art. 979):

587. *Quelles sont alors les formes à remplir?*

Dans ce cas, il faut que le testament soit entièrement écrit, daté et signé de la main du testateur. (Art. 979).

588. *Quelles sont encore celles que le notaire doit remplir dans l'acte de suscription ?*

Lorsque le testament aura été fait par un muet, celui-ci sera tenu en le présentant au notaire et témoins, d'écrire au haut de l'acte de suscription que le papier qu'il présente est son testament écrit, daté et signé de lui; ensuite le notaire mentionnera dans l'acte de suscription, que le testateur a écrit sa déclaration en sa présence et celle des témoins. Il sera de plus observé ce qui est prescrit pour cet acte. (Article 979).

589. *Ceux envers qui on dispose dans un testament mystique, peuvent-ils être pris pour témoins à l'acte de suscription ?*

Le testament mystique est un acte qui n'est censé connu que du testateur et dont les dispositions doivent être jusqu'à sa mort, ignorées de tout le monde : s'il en était autrement, il serait inutile de disposer de cette manière. Le but du testament mystique étant donc de tenir secrètes les dispositions qu'il renferme, ce but ne serait point rempli, si ceux qui y sont avantagés ne pouvaient point être pris pour témoins; rien n'empêche donc que les légataires qui sont dans cette position., ne puissent, en qualité de témoins, prêter leur ministère; *a fortiori* les parens de ceux - ci.

5go. *L'acte de suscription doit-il être signé par les témoins ?*

Oui. (Art. 976).

5g1. *N'y a-t-il pas d'exception si cet acte est retenu à la campagne ?*

Il n'en est pas de cet acte comme du testament public, en faveur duquel la loi a fait une exception, lorsque ce dernir serait retenu dans une campagne ; car en matière d'acte de suscription, la loi ne distinguant pas entre la ville et la campagne, il n'est pas permis de se montrer plus sage qu'elle, surtout par une distinction arbitraire.

5g2. *Quelles conditions les témoins appelés, soit au testament public, soit à l'acte de suscription , doivent-ils réunir ?*

Il suffit d être mâle, majeur, républicole, jouissant des droits civils. (Art. 980).

Des Legs et des Exécuteurs testamentaires.

5g3. *Qu'est ce qu'un legs universel?*

Le legs universel est la disposition testamentaire par laquelle le testateur donne à
une

une ou à plusieurs personnes, l'universalité des biens qu'il laissera à son décès. (Article 1003).

594. *A qui le légataire universel, lorsqu'il y a des héritiers auxquels la loi réserve une quotité quelconque, doit-il demander la délivrance des objets ?*

Si le testateur laisse à son décès des héritiers auxquels la loi réserve une partie des biens, ceux-ci étant saisis de plein droit de la succession, le légataire universel doit leur demander la délivrance de ce qui lui a été légué dans le testament. (Art. 1004).

595. *Le légataire universel a-t-il la jouissance des biens compris dans le testament, à compter du jour du décès du testateur ?*

La jouissance lui est justement acquise à compter du jour du décès, si la demande en délivrance a été faite dans l'année ; sinon, elle ne commence que du jour de la demande formée en justice, ou du jour de la délivrance volontairement consentie par les héritiers. (Art. 1005).

596. *En est-il de même si le testateur ne laisse à son décès aucun héritier, à qui la loi réserve une quotité de ses biens ?*

Non : parce qu'alors le légataire universel

est saisi, de plein droit, de tous les biens de la succession, sans être tenu d'en demander la délivrance. (Art. 1006).

597. *Devant qui le testament olographe doit - il être ouvert avant d'être mis à exécution ?*

Il doit être présenté au président du tribunal de première instance de l'arrondissement, dans lequel la succession est ouverte, qui l'ouvrira s'il est cacheté, et qui dressera procès - verbal de sa présentation, de son ouverture, de son état, ensuite il en ordonnera le dépôt entre les mains d'un notaire par lui choisi. (Art. 1007).

598 *Par qui doit être ouvert le testament mystique ?*

La présentation du testament mystique, son ouverture, sa description et son dépôt seront faits de la même manière, mais l'ouverture ne pourra être faite qu'en présence du notaire qui aura retenu l'acte de suscription et celle des témoins qui l'auront signé, ou eux dûment appelés. (Art. 1007).

599. *Qui doit envoyer en possession le légataire universel ?*

Le président du tribunal sur une requête à laquelle sera joint l'acte de dépôt. (Article 1008).

600. *Qu'est-ce qu'un legs à titre universel?*

C'est celui par lequel le testateur lègue une quote-part des biens dont la loi lui permet de disposer, telle qu'une moitié un tiers, etc. (Art. 1010).

601. *A qui les légataires, à titre universel, doivent-ils demander la délivrance des biens compris dans le testament?*

Il sont tenus de la demander aux héritiers en faveur desquels la loi fait une réserve; à défaut de ceux-ci, aux légataires universels, etc. (Art. 1011).

602. *Qu'est-ce qu'un legs particulier?*

Le legs particulier est un don pur et simple, qui donne au légataire, du jour du décès du testateur, un droit à la chose léguée; droit transmissible à ses héritiers ou ayant-cause. (Art. 1014).

603. *Le légataire particulier peut-il se mettre en possession de la chose léguée?*

La marche que le légataire particulier a à tenir, pour sa mise en possession de la chose léguée, est absolument la même que celle qui vient d'être indiquée pour les légataires à titre universel; et pour les fruits et intérêts, il doit se conformer à celle qui a été également indiquée pour le légataire universel. (Art. 1014).

21.

604. *N'y a-t-il pas des cas où les intéréts et fruits de la chose léguée courent au profit des légataires du jour du décès?*

Ils n'ont pas besoin de former leur demande en justice, pour obtenir les fruits ou les intéréts de la chose léguée, qui courent en leur faveur dès le jour du décès, 1.º si le testateur l'a expressément déclaré; 2.º si c'est une pension ou rente viagère, léguée à titre d'alimens. (Art. 1015).

605. *On suppose qu'on lègue un domaine et que le testateur augmente cet immeuble par des acquisitions, celles-ci doivent-elles faire partie du legs?*

Non : la chose donnée par legs particulier est une chose déterminée et qui ne peut comprendre que son existence actuelle, et si cette chose vient à être augmentée après le testament, il est bien clair que le surplus ne doit point appartenir au légataire, parce que s'il en était autrement, ce ne serait plus un legs particulier. (Art. 1019).

606. *En est-il de même pour les embellissemens faits sur les objets légués?*

Les embellissemens ainsi que les constructions, se faisant sur la chose léguée, doivent appartenir au légataire, parce qu'ils ont été faits sur un terrein, dont la propriété lui a été donnée. (Art. 1019).

607. *Le legs fait à un créancier, est-il censé fait en compensation de sa créance?*

Avant d'être *libéral, il faut être libéré.* De ce principe, il est facile de conclure qu'un legs fait à un créancier n'est point censé fait en compensation de sa créance. (Article 1023).

608. *En est-il de même pour les domestiques auxquels les gages sont dus ?*

Le legs fait à un domestique à qui les gages sont dus, est régi par les mêmes principes. (Art. 1023).

609. *Qu'est-ce qu'un exécuteur testamentaire ?*

L'exécuteur testamentaire est celui que le testateur a choisi pour faire exécuter ses dernières dispositions.

610. *Quelles sont les obligations des exécuteurs testamentaires?*

1.º Ils doivent faire apposer les scellés, s'il y a des héritiers mineurs, interdits ou absens; 2.º ils doivent faire faire en présence de l'héritier présomptif, ou lui dûment appelé, l'inventaire des biens de la succession; 3.º ils doivent provoquer la vente du mobilier, à défaut de deniers suffisans pour acquitter les legs ; 4.º ils doivent veiller à ce que le testament soit exécuté, et en cas de contestations sur son exécution, ils peuvent intervenir pour en soutenir la validité ; 5.º ils doivent enfin, à l'expiration de l'année du décès du testateur, rendre compte de leur gestion. Telles sont les obligations que la loi impose aux exécuteurs testamentaires. (Art. 1031).

611. *L'exécuteur testamentaire peut-il exiger la saisine de tout ou partie du mobilier?*

Le testateur peut donner à son exécuteur testamentaire, la saisine d'une partie ou de tout son mobilier, laquelle ne pourra durer au-delà d'an et jour ; mais l'exécuteur testamentaire ne pourra point l'exiger, si elle ne lui a pas été donnée par le testateur. (Art. 1026).

612. *L'héritier peut-il faire cesser cette saisine?*

Si le testateur a donné la saisine à son exécuteur testamentaire, l'héritier pourra la faire cesser, en offrant à ce dernier une somme suffisante pour le paiement des legs mobiliers, ou en justifiant qu'il les a payés. (Art. 1027).

613. *Peut-on nommer pour exécuteur*

testamentaire, celui qui ne peut s'obliger?

La gestion d'un exécuteur testamentaire entraînant après elle une responsabilité, il est clair qu'on ne peut point nommer celui qui ne peut s'obliger. (Art. 1028).

614. *La femme mariée peut-elle accepter l'exécution testamentaire, sans le consentement de son mari?*

Le même principe qui a été déduit dans la réponse précédente, s'oppose à ce que la femme puisse accepter l'exécution testamentaire, à moins qu'elle n'accepte du consentement de son mari. (Art. 1029).

615. *En est il de même si elle est séparée de biens?*

Si la femme est séparée de biens, soit par contrat de mariage, soit par jugement postérieur, elle pourra avec le consentement de son mari, accepter l'exécution testamentaire, ou sur son refus, avec l'autorisation de la justice. (Art. 1029-217-219).

616. *Le mineur peut-il être nommé exécuteur testamentaire?*

Le mineur, même du consentement de son tuteur ou de son curateur, ne pourra accepter l'exécution testamentaire, par la raison qui a déjà été donnée. (Art. 1030.). Voyez la 613.e réponse.....

De la révocation des Testamens.

617. *De quelle manière peut-on révoquer un testament ?*

On peut révoquer un testament de deux manières, 1.º par un testament postérienr ; 2.º par un acte devant notaire, portant changement de volonté. Mais si le testament postérieur ne révoque pas expressément le précédent, il n'annullera dans celui-ci que les dispositions qui seront incompatibles ou contraires avec les nouvelles. (Art. 1035--1036).

618. *Combien faut-il des témoins à un acte portant révocation d'un testament ?*

Deux : mais il faut observer que dans un acte de cette nature, on ne peut pas donner une nouvelle destination aux dispositions révoquées.

Des partages des ascendans.

619. *Qui peut faire le partage de ses biens ?*

Les père et mère, les autres ascendans peuvent faire le partage de leurs biens. (Art. 1075). Cette faculté est inappréciable pour celui qui désire ne laisser aucune division dans sa famille.

620. *En faveur de qui peut-on le faire?*

619. En faveur des descendans. (Même
Article).

621. *Dans quelles formes ce partage
peut-il être fait ?*

Le partage fait par les ascendans , peut
être fait ou par acte testamentaire , ou
par acte entre-vifs , en y observant les
formalités prescrites .(Art. 1076).

622. *Si le partage est fait par acte entre-
vifs , quels biens peut-il comprendre ?*

Le partage fait par acte entre-vifs peut
comprendre tout ou partie des biens du disposant. (Art. 1076).

623. *Est-il de rigueur qu'il embrasse
tous les biens du disposant ?*

Il n'est pas de rigueur qu'il embrasse tous
les biens du disposant ; mais ceux qui n'y
seront point compris, seront partagés par
égales portions entre les héritiers. (Article
1077).

624. *Est-il nécessaire que le partage soit
fait entre tous les enfans du disposant?*

Le partage est nul pour le tout, s'il n'est
pas fait en faveur de tous les enfans que le
disposant laissera à son décès. (Art. 1078).

625. *Peut-on attaquer le partage fait par un ascendant ?*

La lésion de plus du quart rend le partage fait par l'ascendant attaquable. (Art. 1079).

626. *N'y a-t-il pas d'autres causes qui rendent le partage attaquable ?*

Le partage peut également être attaqué, si les dispositions faites par préciput, excèdent la quotité déterminée par la loi. (Art. 1079).

627. *Qui doit faire l'avance des frais, lorsque le partage est attaqué ?*

Les avances des frais devront être faites par celui qui attaque le partage. (Article 1080).

628. *Qui doit les supporter en définitif, si le partage est attaqué mal à propos ?*

Si celui qui attaque le partage est mal-fondé dans ses réclamations, il supportera en définitif tous les frais que sa demande aura occasionné.

1.re FORMULE DE DONATION.

ESPÈCE.

Une personne donne à une autre une vigne, dont elle se réserve l'usufruit pendant sa vie ; elle s'oblige d'en payer les contributions ; le donataire est majeur et accepte la libéralité.

PAR-DEVANT, etc.,

A comparu sieur Jean - Baptiste Martin, cultivateur, demeurant à...., commune...., canton....., département......;

Lequel a disposé, par acte entre - vifs, en faveur du sieur Jean Lagarrigue, meunier, demeurant à......, ici présent et acceptant la donation,

D'une pièce de vigne située au lieu de....., commune......, canton......, arrondissement de....., département de......., de la contenance de......; confrontant du nord à......, du couchant à....., et du levant à......, estimée trois mille francs. Le donateur s'est

réservé jusqu'à sa mort, l'usufruit de l'immeuble ci - dessus mentionné, dont il paiera
les contributions.

Dont acte lu aux parties.

Fait à......, le......., etc.

2.ᵉ F O R M U L E.

E S P È C E.

Une personne donne un domaine ;
à la charge par le donataire de
payer, à une tierce personne, une
pension annuelle et viagère de
200 francs, dont le donateur
dispose par le même acte, en fa-
veur de cette dernière mariée et
absente. Les contributions doivent,
du jour de la donation, être ac-
quittées par le donataire, présent
et acceptant.

PAR-DEVANT, etc.,

A comparu sieur Guillaume Mirand,
propriétaire, habitant à......., canton......,
département.......;

Lequel a disposé, par acte entre - vifs, en faveur de sieur Antoine Dumail, son neveu, propriétaire, demeurant à......, ici présent et acceptant la donation,

Du domaine de..........., situé dans la commune de......, canton......, arrondissement......, département......, de la contenance de......, consistant......, estimé trente mille francs.

Duquel, le donataire pourra, à compter de ce jour, disposer, ainsi que le donateur avait droit de le faire; à la charge d'en acquiter désormais les contributions, et de payer annuellement et d'avance, pendant la vie de la dénommée ci - après, une pension viagère de deux cents francs, de laquelle le donateur a disposé par le présent acte en faveur de dame Louise Dumail sa nièce, épouse du sieur Jacques Laborde, médecin, demeurant dans la ville de........ Laquelle pension ne sera payée qu'à compter du moment de la notification de l'acceptation.

Dont acte lu aux parties.

Fait à....., le....., etc.

FORMULE

De l'acte d'acceptation de la pension viagère, contenue dans la précédente donation.

~~~~~~~~~~

PAR-DEVANT, etc.,

A comparu dame Louise Dumail, épouse du sieur Jacques Laborde, médecin, demeurant dans la ville de...., n.º 56; laquelle autorisée de son mari, ici présent, a déclaré accepter la donation d'une pension viagère et annuelle de deux cents francs, qui lui a été faite par sieur Guillaume Mirand son oncle, et dont l'acte a été retenu par......, notaire à......, enregistré à...., le...., par....

Dont acte lu aux parties.

Fait à........, le........, etc.
~~~~~~~~~~

3.e FORMULE.

ESPÈCE.

Une personne donne à un mineur émancipé, une maison, à la charge d'en payer les contributions, du moment de la donation. Le donataire assisté de son curateur, accepte.

PAR-DEVANT, etc.,

A comparu sieur Joseph Mazais, négociant, habitant de la ville....., rue....., n.° 65 ; lequel a disposé par acte entre - vifs, en faveur du sieur Jacques Mazais, son cousin germain, propriétaire, demeurant à......., commune de..., canton...., département..., ici présent et acceptant la donation, comme mineur emancipé, assisté du sieur Jean Mazais, propriétaire, habitant également dans la commune de..., son curateur, ainsi que cela résulte de la délibération du conseil de famille, en date du....., homologuée par jugement du tribunal de......, enregistré à........., le......, par......;

D'une maison située dans la ville de...., consistant....., confrontant du levant à....., du couchant à......., du nord à......, et du midi à....., estimée six mille francs.

De laquelle le donataire pourra, à dater de ce jour, disposer ainsi que le donateur avait droit de le faire, à la charge de payer désormais les contributions.

Dont acte lu aux parties.

Fait à........., le......., etc.

4.e FORMULE.

4.e FORMULE.

Une personne donne à une autre un moulin à vent avec une pièce de terre qui en dépend : le donataire est un mineur non émancipé ; il est présent , ainsi que son tuteur , qui , autorisé par le conseil de famille , accepte la donation : les impositions doivent être payées par le donataire , du moment de la libéralité.

PAR-DEVANT, etc. ,

A comparu sieur Antoine Lassalle , propriétaire , demeurant au lieu de...... , commune... , canton... , département... ; lequel a disposé , par acte entre - vifs , en faveur de sieur Jean Lassalle , son cousin germain , propriétaire , demeurant aussi à... , ici présent ; de même que sieur Pierre Duffau , négociant , demeurant dans la ville de..... , son tuteur , qui , en cette qualité et en vertu de l'autorisation du conseil de famille con tenue dans la délibération prise le..., enregistrée à..., le...., par..., homologuée par jugement du tribunal de..., le..., enregistré à..., a accepté la présente donation

D'un moulin à vent et d'une pièce de terre qui l'environne, situés dans la commune de..., arrondissement de..., confrontant du nord à..., du midi à..., du levant à..., et du couchant à..., estimés quatre mille francs.

Pourra, le donataire, à dater d'aujourd'hui, disposer des objets ci-dessus mentionnés, ainsi que le donateur avait droit de le faire, à la charge par lui d'en acquitter désormais les contributions.

Dont acte lu aux parties.

Fait à......., le......., etc.

5.e FORMULE.

ESPÈCE.

Un père qui a trois enfans dispose par préciput, du quart de ses biens en faveur d'un des trois ; il donne en conséquence un domaine représentant cette quotité ; il s'en réserve l'usufruit pendant sa vie : le donataire est présent et accepte ; le paiement des contributions doit être fait par le père.

Par-devant, etc.,

A comparu sieur André Miramont, propriétaire, demeurant sur son bien de campagne, au lieu de..., commune..., canton..., département... ; lequel désirant donner à sieur François Miramont, son fils puîné, avocat, demeurant au même lieu, des preuves de son amitié, et reconnaître en même-temps les soins tendres et respectueux qu'il prend pour la conservation de ses vieux jours, a, par acte entre-vifs, disposé , à titre de préciput, en faveur de ce dernier , ici présent et acceptant, la donation

Du domaine *Grange-Neuve*, situé dans la commune d..., arrondissement d...., département d....., consistant en....., estimé trente - cinq mille francs ; duquel le donateur s'est réservé l'usufruit jusqu'à sa mort : les impositions continueront d'être à sa charge.

Dont acte lu aux parties.

Fait à......, le......., etc.

6.e FORMULE.

ESPÈCE.

Une personne donne à une autre un pré ; la donation est acceptée par le procureur-fondé du donataire qui doit en payer les contributions du jour de l'acte.

PAR-DEVANT, etc.,

A comparu sieur Louis Duvivier , propriétaire, demeurant à....., commune....., canton..., département... ; lequel a disposé, par acte entre-vifs, en faveur du sieur Blaise

Dupouy, cultivateur, demeurant à........,
absent, mais représenté par le sieur Guillaume Labrias, meunier, demeurant à...,
qui en sa qualité de mandataire, a accepté au
nom de son mandant, la présente libéralité,
conformément à ses pouvoirs contenus dans
la procuration spéciale consentie en sa faveur, retenue le..., par..., notaire à..., enregistrée à..., le..., par..., et dont il nous a
remis l'expédition pour l'annexer au présent
acte, après l'avoir, en notre présence et
celle des témoins, contre-signée;

D'un pré situé à......., commune........,
arrondissement....., département....., de la
contenance..., confrontant du nord à..., du
midi à..., du levant à..., et du couchant à...,
estimé trois mille cinq cents francs;

Duquel pré le donataire pourra, dès aujourd'hui, disposer de la propriété et usufruit
ainsi que le donateur avoit droit de le faire,
à la charge par lui d'en acquitter désormais
les contributions.

Dont acte lu aux parties.

Fait à...., le...., etc.

———

7.e FORMULE.

ESPÈCE.

Une personne donne à une autre, à la charge de payer les dettes qu'elle déclare, ses biens présens, consistant en une maison située à.......; avec les meubles meublans et les effets mobiliers mentionnés dans l'acte, dont elle se réserve la jouissance : les impositions sont à sa charge. La personne qui donne est une femme autorisée par la justice, sur le refus de son mari. La donataire accepte, autorisée par son mari présent à l'acte.

PAR-DEVANT, etc.,

A comparn dame Elisabeth Labrunie, épouse du sieur Gaspard Mazal, propriétaire, demeurant avec son mari, à Paris, faubourg... rue du Lion, n.º...; laquelle autorisée par la justice, sur le refus de son mari, conformément au jugement rendu par le tribunal de première instance de..., le..., enregistré à..., le..., par..., a disposé, par acte entre - vifs, en faveur de dame Elisabeth Labrunie, sa filleule et nièce, épouse du sieur Médéric Lasserre, avocat, demeurant également à Paris, rue..., n.º...; laquelle, du consentement de son mari, ici présent, a déclaré accepter la donation,

1.º D'une maison située à Bordeaux, rue... confrontant du midi à..., du levant à...., et du couchant à..., consistant en....., estimée quinze mille francs.

2.º D'un buffet en bois d'acajou, estimé six cents francs;

3.º De vingt - quatre couverts en argent, estimés deux mille francs;

4.º De douze napes avec douze douzaines de serviettes fines, estimées huit cents francs;

5.º Enfin, de dix fauteuils et trois otto-manes en satin cramoisi, estimés neuf cents fsancs.

Total, quatre mille trois cents francs.

S'est réservé, la dame Mazal, jusqu'à sa mort, la jouissance du contenu en la présente donation, et dont elle continuera de payer les impositions.

Sera tenue, la donataire, d'acquitter tou-tes les dettes de la dame Mazal, que celle-ci a déclaré consister,

1.º En trois mille francs dus au sieur....... ; par acte d'obligation retenu par...., notaire à..., enregistré à..., le..., par...; laquelle dette est exigible dans six ans, à dater de ce jour, avec les intérêts légaux stipulés dans l'acte précité.

2.º En dix mille francs dus au sieur..., par acte d'obligation retenu par..., notaire à..., enregistré à..., le..., par...; laquellle dette est exigible dans dix ans, sans intérêt.

Dont acte lu aux parties.

Fait à......., le......., etc.

8.ᵉ FORMULE.

ESPÈCE.

Un frère donne à un de ses frères un domaine, à la charge de le transmettre aux enfans, au premier degré seulement, qu'il aura. Le donateur se réserve l'usufruit jusqu'à son décès. Le paiement des impositions doit être fait par ce dernier.

PAR-DEVANT, etc.,

A comparu sieur Barthélemy Laffon,

propriétaire, demeurant à..., commune...., canton......., département....; lequel voulant donner au sieur Charles Laffon, propriétaire, demeurant au même lieu, des preuves de l'attachement qu'il a pour lui, a, par acte entre-vifs, disposé, en faveur de ce dernier, ici présent et acceptant la donation

Du domaine de..., situé dans la commune de....., canton....., arrondissement......, consistant en...., estimé vingt mille francs.

La présente donation a été faite au donataire, à la charge par lui de la transmettre à tous ses enfans au premier degré. S'est réservé, le donateur, jusqu'à sa mort, l'usufruit du domaine ci-dessus mentionné, dont il continuera de payer les contributions.

Dont acte lu aux parties.

Fait à......., le......, etc.

1.re FORMULE DE TESTAMENT.

ESPÈCE.

Un majeur fait son testament. Il a un ascendant à qui la loi réserve le quart. Il dispose du reste de ses biens ; en conséquence, il lègue à........ 2,000 francs, et à......., 1,500 francs. Quant au surplus, il en lègue l'universalité à......, à la charge d'acquitter les deux legs précédens dans l'an de son décès, sans intérêt, et de payer également, dans le même délai, les autres dettes de la succession. Il n'a plus testé.

PAR-DEVANT, etc.,

A comparu sieur Mathieu Aulac, propriétaire, demeurant à........, commune......, canton......., département.........; lequel a dicté, en présence des témoins, son testament, à nous notaire, qui l'avons écrit tel qu'il nous a été dicté.

1.º A légué, le testateur, au sieur Méric-Lassaut, négociant dans la ville de......, son cousin germain, la somme de deux mille francs, paiable comme il sera dit ci-après.

2.º A légué, le testateur, au sieur François Maurin, propriétaire, demeurant dans la ville d....., également son cousin germain, la somme de quinze cents francs, dont le paiement lui sera fait ainsi qu'il va être indiqué.

Quant au surplus de tous ses biens, à l'exception néanmoins du quart dont la loi lui prohibe la disposition, il en a légué l'universalité au sieur Jean-Baptiste Dezais, aîné, propriétaire, marié avec mademoiselle Elize Aulac, sa cousine germaine, demeurant dans la ville d......, à la charge d'acquitter les deux legs ci-dessus mentionnés, dans l'année de son décès, sans intérêt, et de payer aussi, en seul, et dans le même délai, les autres dettes de la succession.

Et lecture à lui faite, en présence des témoins, de son testament ; le testateur à déclaré qu'il contenait sa volonté.

Dont acte.

Fait à....., le......, en présence (prénom, nom, profession et demeure des quatre témoins), qui ont signé avec le testateur et nous.

2.ᵉ FORMULE.

ESPÈCE.

Un majeur fait son testament ; il dispose à titre de legs universel, en faveur du sieur......, du domaine de... ; et quant au restant de ses biens, il veut qu'ils soient divisés par égales portions, entre ses plus proches successibles, à la charge par ceux-ci, de payer les dettes de la succession. Le testament est retenu dans une campagne ; il n'y a que deux témoins signataires ; le testateur révoque tous ceux qu'il aurait pu faire.

PAR-DEVANT, etc. ,

A comparu sieur Jacques Moreau, ancien négociant, habitant dans la commune......, canton de....., département de.....; lequel a dicté, en présence des témoins, son testament, à nous notaire, qui l'avons écrit tel qu'il nous a été dicté.

Voulant donner au sieur Fabrice Breuiles, son ancien associé dans le commerce, habitant dans la ville de........, des preuves de son amitié, le testateur lui a légué, à titre de legs universel, le domaine de........

Quant au restant de tous ses biens, le testateur a déclaré qu'il entendait qu'il fût partagé par égales portions entre ses plus proches successibles, à la charge par eux de payer au prorata, les dettes dont la succession sera grevée.

A révoqué, le testateur, tous les testamens précédemment faits, voulant que celui-ci soit seul exécuté, comme étant conforme à sa volonté, ainsi qu'il l'a déclaré, après que lecture lui en a été donnée par nous, en présence des témoins.

Dont acte.

Fait à........, le........, en présence (prénom, nom, profession et demeure des quatre témoins), dont deux...... tel..... tel..... ont signé avec le testateur et nous notaire; non tel...... et tel..... pour ne savoir, ainsi qu'ils l'ont déclaré, de ce requis.

3.ᵉ F O R M U L E.

E S P È C E.

Un mineur, âgé de seize ans, qui
a un ou plusieurs frères, mais
qui n'a d'autres ascendans que son
père, fait testament en faveur de
celui-ci, son tuteur, des biens
dont la loi lui permet de disposer.
Le testament est retenu dans une
ville.........

PAR-DEVANT, etc.,

A comparu sieur Barthélemy Lagarde,
fils de Pierre Lagarde, propriétaire, et de
feue Catherine Saubat, habitant avec son père
au lieu de......, commune......., canton.....,
département.......; lequel étant à la veille
de partir pour l'amérique, et désirant, avant
d'exécuter son voyage, faire ses dispositions
de dernière volonté, a dicté, en présence
des témoins, son testament, à nous notaire,
qui l'avons écrit tel qu'il nous a été dicté.

Voulant donner à son père des preuves

de sa tendresse filiale et de son respect, le testateur lui a légué la quotité des biens dont la loi lui laisse la libre disposition, et qu'il pourra recueillir, indépendamment de la réserve légale.

Et lecture à lui faite de son testament, en présence des témoins, par nous notaire, le testateur a déclaré qu'il contenait sa volonté.

Dont acte.

Fait à......, le....., en présence, etc....., qui ont signé avec le testateur et nous notaire.

4.e F O R M U L E.

E S P È C E.

Un père dispose, en faveur d'un de ses enfans, par préciput, de la portion disponible. Il n'a plus testé. L'acte est également passé dans une ville.

PAR-DEVANT, etc.,

A comparu Étienne Grizon, propriétaire, demeurant au lieu de......, commune.. ...,

canton......, département d.......; lequel a
dicté, en présence des témoins, sont testament, à nous notaire, qui l'avons écrit
tel qu'il nous a été dicté.

A déclaré, le testateur, avoir quatre enfans vivans, du mariage qu'il a contracté
avec feue Elizabeth Dumaine, et voulant ré-
compenser les soins assidus que Marie Grizon
son unique fille, ne cesse de lui prodiguer,
il lui a légué, par préciput, la quotité disponible de tous ses biens.

Et lecture à lui faite, par nous notaire,
en présence des témoins, de son testament,
le testateur a déclaré qu'il contenait sa volonté.

Dont acte.

Fait et passé à......., le......., etc.

5.e FORMULE.

5.e FORMULE.

ESPÈCE.

Une personne, sans enfans, dispose en faveur d'une de ses sœurs, de tous les biens qui se trouveront lui appartenir à son décès, à la charge de les transmettre à tous ses enfans, au premier degré, et à la charge encore d'acquitter deux legs, l'un de 6,000 francs à....., et l'autre de 2,000 fr. à........, contenus dans son testament du..., retenu par........, notaire à......., qu'elle révoque en son entier, hormis les deux legs ci-dessus mentionnés.

PAR-DEVANT, etc.,

A comparu demoiselle Antoinette Lacroix, veuve du sieur Pierre Forcès, propriétaire, habitante à......, commune......, canton..., département..........; laquelle a dicté, en

présence des témoins, son testament, à
nous notaire, qui l'avons écrit tel qu'il nous
a été dicté.

A légué, la testatrice, à dame Adélaïde
Lacroix, sa sœur, épouse du sieur Lavalette,
négociant à....., y demeurant avec son mari,
l'universalité de tous ses biens, à la charge
par elle de les transmettre, à son décès, à
ses enfans au premier degré ; et d'acquitter,
lors du décès de la testatrice, les deux legs
contenus dans le testament qu'elle a fait le...,
devant..., notaire à..., dont l'un de six mille
francs au sieur.., et l'autre de deux mille fr.
au sieur....., sauf à elle à se prévaloir sur
la succession du montant des legs ci-desus
mentionnés.

A révoqué, la testatrice, le testament
qu'elle a cité, hormis les legs maintenus.
Voulant que le présent soit exécuté comme
étant conforme à sa volonté, ainsi qu'elle
l'a déclaré, après que lecture lui en a été
faite par nous notaire, en présence des
témoins.

Dont acte.

Fait à........, le......., etc.

6.e FORMULE.

ESPÈCE.

Un majeur fait son testameut, dans lequel il fait plusieurs legs particuliers. Il lègue à un de ses neveux, son filleul, l'universalité des biens restans, à la charge par lui de payer concurremment et au prorata avec les légataires particuliers qu'il désigne, tous les autres legs, dettes et charges. Il excepte de ce paiement deux légataires qu'il désigne également. Il nomme un exécuteur testamentaire. Il révoque expressément les testamens antérieurs. L'acte est retenu dans la ville d.........

PAR-DEVANT, etc.,

A comparu sieur Jean-Baptiste Cazals, propriétaire, demeurant à....., commune..., canton......, département.....;

Lequel a dicté, en présence des témoins,

son testament à nous notaire, qui l'avons écrit tel qu'il nous a été dicté.

1.º A légué, le testateur, à demoiselle Françoise Cazals, sa filleule et nièce, demeurant avec lui, la somme de six mille fr., qui lui sera payée dans les six premiers mois de son décès, sans intérêt jusqu'alors.

2.º A légué, le testateur, à dame Elisabeth Cazals, son autre nièce, épouse du sieur Guillaume Laborde, négociant à Bayonne, la somme de quatre mille francs; laquelle ne sera exigible qu'un an après le décès du testateur, sans intérêt jusqu'à cette époque.

3.º A légué, le testateur, au sieur Pierre Cazals, son neveu, propriétaire, demeurant à...., le domaine de...., aux charges ci-après imposées.

4.º A légué, le testateur, au sieur Jean Cazals, son neveu, négociant à........., la maison que celui-ci habite dans cette ville, avec tous les meubles et effets mobiliers qui y sont, également aux charges ci-après imposées.

5.º Et quant au restant de tous ses biens, le testateur en a légué l'universalité au sieur François Cazals, propriétaire, son filleul et neveu, demeurant avec lui, à la charge de payer, aux époques déterminées, conjointement et au prorata, avec ses deux frères dénommés , le montant des legs que le testateur a fait à ses deux nièces. Voulant en outre que ses trois neveux soient tenus du paiement des autres dettes et charges de sa succession ; ainsi que de lui faire dire , dans l'année de sa mort, cent messes basses dans l'église de sa paroisse.

Et pour que ses volontés soient exécutées, le testateur a confié l'exécution de ce testament au sieur Mathieu Duplan , avocat , habitant à......., ; qu'il a nommé son exécuteur testamentaire, et à qui il a donné la saisine de tout son mobilier, dans le cas que ses trois neveux n'acquittent point dans le délai de deux mois, les legs et charges qui leur ont été imposés.

Révoquant tous testamens antécédemment faits ; voulant que celui - ci soit seul exécuté comme étant conforme à sa volonté , ainsi qu'il l'a déclaré , après que nous notaire lui en avons eu donné lecture en présence des témoins.

Dont acte.

Fait à......., le........., etc.

7.e FORMULE CONTENANT PARTAGE.

ESPÈCE.

Un père a trois enfans existans, deux filles et un garçon; il fait le partage de ses biens par testament; il commence par établir la consistance de tout ce qui peut lui appartenir, puis il l'évalue; il dispose et assigne à chacun d'eux la portion qui doit leur revenir sur son héritage; il donne à son fils la quotité disponible; il révoque les testamens précédens : l'acte est passé dans sa maison, et il ne peut signer à cause d'une douleur de goutte qu'il a à la main droite.

PAR-DEVANT, etc. ,

A comparu sieur Mathieu Moulin, propriétaire, habitant à......., commune.......; canton de......, département de.....; lequel, dans l'objet de prévenir toute discussion après sa mort entre ses enfans, relativement à la division de ses biens, nous a déclaré vouloir faire son testament, contenant partage, dont il a dicté, à nous notaire, en présence des témoins, les dispositions que nous avons écrites telles qu'elles nous ont été dictées.

A déclaré, le testateur, posséder le domaine de...., estimé, avec sa maison d'habitation, quarante mille francs.

A déclaré, le testateur, n'avoir rien acquis pendant son mariage, mais avoir acheté depuis la mort de sa femme,

1.° Par acte du........, retenu par........, notaire à......, enregistré à......, le......, par........, au sieur........, le domaine de Laclote, situé à....., qu'il estime, à raison des améliorations et réparations qu'il y a fait faire, vingt-cinq mille francs.

2.° Par acte du......, retenu......, par....., notaire à....., enregistré à....., le...., par..., au sieur..., le domaine de..., avec une maison de maître qu'il estime avec les effets mobiliers qui y sont, vingt-cinq mille francs.

Se portant en total, les immeubles ci-dessus énumérés, à la somme de cent mille francs, sur laquelle il entend disposer du quart, conformément à la faculté que les lois lui donnent.

En conséquence, il a légué à Pierre Moulin, son fils aîné, demeurant avec lui, à titre de préciput, la somme de vingt-cinq mille francs, dont il ne pourra se prévaloir que sur le domaine de... ; et pour que sa volonté soit pleinement exécutée, il lui assigne sa portion héréditaire sur le restant de ce domaine et sur la totalité de sa maison d'habitation, dont la valeur du tout s'élève, ainsi qu'il l'a été déjà dit, à la somme de cinquante mille francs. Laquelle se trouvera exactement représentée, soit par le montant de la disposition faite par préciput, soit par celui de la portion héréditaire que la loi lui assigne.

A légué, le testateur, à Josephine Moulin, sa fille aînée, demeurant avec lui, la maison de maître et le domaine de.....

Enfin, le testateur à légué à Rosalie Moulin, sa fille seconde, demeurant aussi auprès de lui, le domaine de Laclotte, ci-dessus mentionné.

Les dettes de la succession seront acquittées par égales portions.

A révoqué, le testateur, tous testamens

antécédans. Voulant que celui-ci soit seul exécuté comme étant conforme à sa volonté, ainsi qu'il l'a déclaré, après que nous notaire lui en avons eu donné lecture en présence des témoins.

Dont acte.

Fait à......., le......, en présence (.......), qui ont signé avec nous notaire, non le testateur pour ne pouvoir, ainsi qu'il l'a déclaré, de ce requis par nous, à cause d'une douleur de goutte qu'il a à la main droite.

1.re FORMULE

De Révocation de Testament.

ESPÈCE.

Une personne a fait son testament. Elle veut annuller certaines dispositions qu'elle désigne, comme ayant changé de volonté.

PAR-DEVANT, etc.;

A comparu sieur Laurent Laplagné, propriétaire, demeurant à......, commune....., canton........, département........; lequel a déclaré annuller, comme ayant changé de volonté, le legs de six cents francs fait en faveur de sieur Phélix Laplagne, son cousin germain; et celui de trois cents francs, fait en faveur de Seconde Laplagne, sa cousine germaine, contenus dans le testament qu'il fit le......, par acte public, devant....., notaire à.......

Dont acte lu au comparant.

Fait à......., le.......; etc.

2.ᵉ FORMULE.

ESPÈCE.

*Une personne a fait son testament :
elle le révoque dans tout son contenu, comme ayant changé de
volonté.*

Par-devant, etc.,

A comparu sieur Michel Robert, propriétaire, demeurant à......., commune.......,
canton d......, département d .... ; lequel a
déclaré révoquer, comme ayant changé de
volonté, le testament par acte public, qu'il
fit le...., devant...., notaire à.....

Dont acte lu au comparant.

Fait à..... le....., etc.

1.re FORMULE

D'un Acte de Suscription.

~~~~~~~~

ESPÈCE.

Une personne a fait son testament mystique, qu'elle a écrit et signé de sa main. Elle le présente au notaire et témoins, clos avec un ruban noir, et scellé en deux endroits avec de la cire rouge. Elle signe l'acte de suscription.

PAR-DEVANT, etc. ,

A comparu Jean-Baptiste Nazals, propriétaire, demeurant à...., commune......, canton......., département de.....; lequel a présenté à nous notaire et témoins, le présent papier, clos avec un ruban noir, et scellé en deux endroits avec de la cire rouge; et il a déclaré que son contenu est son testament, écrit et signé de sa main. De laquelle remise et déclaration il a requis acte, qui a été dressé sur le papier qui sert d'enveloppe, et lu par nous notaire, au testateur
~~~~~~~~

et témoins ; le tout sans divertir à d'autres actes.

Fait à......... , le...... (prénom , nom des six témoins), qui ont signé avec le testa-teur et nous notaire.

2.ᵉ FORMULE.

ESPÈCE.

Une personne a fait son testament mystique , qu'elle a fait écrire par une main étrangère , mais quelle a signé de la sienne. Elle le pré-sente au notaire et témoins , clos avec un ruban jaune , et scellé en trois endroits avec de la cire noire. Elle ne peut signer l'acte de suscription , à raison d'une douleur de goutte.

PAR-DEVANT, etc.,

A comparu sieur Joseph Larandal, hom-me de loi, demeurant dans la ville de....., lequel a présenté, à nous notaire et témoins, le présent papier, clos avec un ruban jaune, et scellé en trois endroits avec de la cire noire, et il a déclaré que son contenu est son testament mystique, qu'il a fait écrire par une personne étrangère, mais qu'il a signé. De laquelle remise et déclaration il a requis acte, qui a été dressé sur le papier qui sert d'enveloppe, et lu par nous notaire au testateur et témoins, le tout sans divertir à d'autres actes.

Fait à......., le...... (prénom, nom, profession et demeure des six témoins), qui ont signé avec nous notaire, non le testateur pour ne pouvoir, à cause d'une douleur de goute qu'il a à la main droite, ainsi qu'il l'a déclaré, de ce requis par nous.

———

3.e FORMULE.

ESPÈCE.

Une personne a fait son testament mystique qu'elle a fait écrire par une personne de confiance, et qu'elle n'a signé pour ne savoir, mais qu'elle a lu. Elle le présente au notaire et témoins, clos avec un ruban verd, et scellé en quatre endroits avec de la cire rouge. Il est appelé à l'acte de suscription, un témoin signataire de plus. Et il y est fait mention de la cause pour laquelle ce septième témoin a été appelé.

PAR-DEVANT, etc.,

A comparu sieur Frédéric Lansac, propriétaire, demeurant à....., commune......, canton......, département de......; lequel a présenté, à nous notaire et témoins, le présent papier, clos avec un ruban verd, et scellé en quatre endroits avec de la cire rouge; et il a déclaré que son contenu est son testament mystique, qu'il a fait écrire par une personne de confiance, et qu'il n'a pu signer lui-même pour ne savoir, mais qu'il l'a lu et trouvé conforme à ses volontés. De laquelle remise et déclaration il a requis acte, qui a été dressé sur le papier qui sert d'enveloppe et lu par nous notaire au testateur et témoins; le tout sans divertir à d'autres actes.

Fait à......, le....., en présence (prénom, nom, profession, demeure des six témoins), qui ont signé avec nous notaire ainsi que le sieur (prénom, nom, profession et demeure du septième témoin), qui a été appelé pour assister et signer le présent acte, parce que le testateur n'a su signer, ainsi qu'il l'a déclaré, de ce requis par nous.

———

4.e FORMULE.

4.e FORMULE.

ESPÈCE.

Une personne muette a fait son testament mystique , qu'elle a entièrement écrit, daté et signé ; elle le présente au notaire et témoins, clos avec un ruban noir, et scellé en deux endroits avec de la cire rouge. Cette personne , au haut de l'acte de suscription , écrit et signe, la déclaration suivante :

« JE déclare que le papier que je présente
» au notaire et témoins , contient mon tes-
» tament mystique , entièrement écrit , daté
» et signé de ma main ; de laquelle remise
» et déclaration je demande acte ».

JEAN DEFOIX.

PAR-DEVANT, etc.,

A comparu sieur Jean Defoix, propriétaire, demeurant dans la ville d..... ; lequel
a présenté, à nous notaire et témoins, le
présent papier, clos avec un ruban noir, et

24.

scellé en deux endroits avec de la cire rouge, et au haut duquel il a écrit lui-même et signé en notre présence et celle des témoins, ces mots; « Je déclare que le papier que je présente au notaire et témoins, contient mon testament mystique, entièrement écrit, daté et signé de ma main; de laquelle remise et déclaration je demande acte ». Que nous notaire avons dressé sur le papier qui sert d'enveloppe, et lu au testateur et témoins. Le tout sans divertir à d'autres actes.

Fait à......, le...., en présence (prénom, nom, profession et demeure des six témoins) qui ont signé avec le testateur et nous notaire.

F I N.

L O I

CONTENANT ORGANISATION DU NOTARIAT.

Du 25 Ventôse an XI.

TITRE PREMIER.

Des notaires et des Actes notariés.

SECTION I.re

Des Fonctions, Ressort et Devoirs des Notaires.

ARTICLE PREMIER.

Les notaires sont les fonctionnaires publics établis pour recevoir tous les actes et contrats auxquels les parties doivent ou veulent faire donner le caractère d'authenticité attaché aux actes de l'autorité publique, et pour en assurer la date, en conserver le dépôt, en délivrer des grosses et expéditions.

II. Ils sont institués à vie.

III. Ils sont tenus de prêter leur ministère lorsqu'ils en sont requis.

IV. Chaque notaire devra résider dans le lieu qui lui sera fixé par le Gouvernement. En cas de contravention, le notaire sera considéré comme démissionnaire ; en conséquence, le grand-juge, ministre de la justice, après avoir pris l'avis du tribunal, pourra proposer au Gouvernement le remplacement.

V. Les notaires exercent leurs fonctions ; savoir, ceux des villes où est établi le tribunal d'appel, dans l'étendue du ressort de ce tribunal ;

Ceux des villes où il n'y a qu'un tribunal de première instance, dans l'étendue du ressort de ce tribunal ;

Ceux des autres communes, dans l'étendue du ressort du tribunal de paix.

VI. Il est défendu à tout notaire d'instrumenter hors de son ressort, à peine d'être suspendu de ses fonctions pendant trois mois, d'être destitué en cas de récidive, et de tous dommages-intérêts.

VII. Les fonctions de notaires sont incompatibles avec celles de juges, commissaires du Gouvernement près les tribunaux, leurs substituts, greffiers, avoués, huissiers, préposés à la recette des contributions directes et indirectes, juges, greffiers et huissiers des justices de paix, commissaires de police et commissaires aux ventes.

SECTION II.

Des Actes, de leur forme, des Minutes, Grosses, Expéditions et Répertoires.

VIII. Les notaires ne pourront recevoir des actes dans lesquels leurs parens ou alliés, en ligne directe à tous les degrés, et en collatérale jusqu'au degré d'oncle ou de neveu inclusivement, seraient parties, ou qui contiendraient quelque disposition en leur faveur.

IX. Les actes seront reçus par deux notaires, ou par un notaire assisté de deux témoins, citoyens français, sachant signer, et domiciliés dans l'arrondissement communal où l'acte sera passé.

X. Deux notaires, parens ou alliés au degré prohibé par l'article VIII. ne pourront concourir au même acte.

Les parens, alliés, soit du notaire, soit des parties contractantes, au degré prohibé par l'article VIII, leurs clercs et leurs serviteurs, ne pourront être témoins.

XI Le nom, l'état et la demeure des parties, devront être connus des notaires, ou leur être attestés dans l'acte par deux citoyens connus d'eux, ayant les mêmes qualités que celles requises pour être témoin instrumentaire.

XII. Tous les actes doivent énoncer les nom et lieu de résidence du notaire qui les reçoit, à peine de cent francs d'amende contre le notaire contrevenant.

Ils doivent également énoncer les noms des témoins instrumentaires, leur demeure, le lieu, l'année et le jour où les actes sont passés, sous les peines prononcées par l'article LXVIII ci-après, et même de faux, si le cas y échoit.

XIII. Les actes de notaires seront écrits en un seul et même contexte, lisiblement, sans abréviation, blanc, lacune ni intervalle ; ils contiendront les noms, prénoms, qualités et demeures des parties, ainsi que des témoins qui seraient appelés dans le cas de l'article XI ; ils énonceront en toutes lettres les sommes et les dates ; les procurations des contractans seront annexées à la minute, qui fera mention que lecture de l'acte a été faite aux parties : le tout à peine de cent francs d'amende contre le notaire contrevenant.

XIV. Les actes seront signés par les parties. les témoins. et les notaires, qui doivent en faire mention à la fin de l'acte.

Quant aux parties qui ne savent ou ne peuvent signer, le notaire doit faire mention, à la fin de l'acte de leurs déclarations à cet égard.

XV. Les renvois et apostilles ne pourront, sauf l'exception ci-après, être écrits qu'en marge ; ils seront signés ou paraphés, tant par les notaires que par les autres signataires, à peine de nullité des renvois et apostilles. Si la longueur du renvoi exige qu'il soit transporté à la fin de l'acte, il devra être non-seulement signé ou paraphé comme les renvois écrits en marge, mais encore expressément approuvé par les parties, à peine de nullité du renvoi.

XVI. Il n'y aura ni surcharge, ni interligne. ni addition dans le corps de l'acte ; et les mots surchargés, interlignés ou ajoutés. seront nuls. Les mots qui devront être rayés le seront de manière que le nombre puisse en être constaté à la marge de leur page correspondante, ou à la fin de l'acte, et approuvé de la même manière que les renvois écrits en marge ; le tout à peine d'une amende de cinquante francs contre le notaire, ainsi que de tous dommages-intérêts, même de destitution en cas de fraude.

XVII. Le notaire qui contreviendra aux lois et aux arrêtés du Gouvernement concernant les noms et qualifications supprimés, les clauses et expressions féodales, les mesures et l'annuaire de la république, ainsi que la numération décimale. sera condamné à une amende de cent francs, qui sera double en cas de récidive.

XVIII. Le notaire tiendra exposé, dans son étude, un tableau sur lequel il inscrira les noms, prénoms, qualités et demeures des personnes qui, dans l'étendue du ressort où il peut exercer, sont interdites et assistées d'un conseil judiciaire, ainsi que la mention des jugemens relatifs; le tout immédiatement après la notification qui en aura été faite, et à peine des dommages-intérêts des parties.

XIX. Tous actes notariés feront foi en justice, et seront exécutoires dans toute l'étendue de la république.

Néanmoins, en cas de plainte en faux principal, l'exécution de l'acte argué de faux sera suspendue par la déclaration du jury d'accusation, prononçant *qu'il y a lieu à accusation* : en cas d'inscription de faux faite incidemment, les tribunaux pourront, suivant la gravité des circonstances, suspendre provisoirement l'exécution de l'acte.

XX. Les notaires seront tenus de garder minute de tous les actes qu'ils recevront.

Ne sont néanmoins compris dans la présente disposition, les certificats de vie, procurations, actes de notoriété, quittances de fermages, de loyers, de salaires, arrérages de pensions et rentes, et autres actes simples qui, d'après les lois, peuvent être délivrés en brevet.

XXI. Le droit de délivrer des grosses et des expéditions n'appartiendra qu'au notaire possesseur de la minute; et, néanmoins, tout notaire pourra délivrer copie d'un acte qui lui aura été déposé pour minute.

XXII. Les notaires ne pourront se dessaisir d'aucune minute, si ce n'est dans les cas prévus par la loi, et en vertu d'un jugement.

Avant de s'en dessaisir, ils en dresseront et signeront une copie figurée, qui, après avoir été certifiée par le président et le commissaire du tribunal civil de leur résidence, sera substituée à la minute, dont elle tiendra lieu jusqu'à sa réintégration.

XXIII. Les notaires ne pourront également, sans l'ordonnance du président du tribunal de première instance, délivrer expédition ni donner connaissance des actes à d'autres qu'aux personnes intéressées en nom direct, héritiers ou ayant-droit, à peine des dommages-intérêts, d'une amende de cent francs, et d'être, en cas de récidive, suspendus de leurs fonctions pendant trois mois; sauf néanmoins l'exécution des lois et réglemens sur le droit d'enregistrement, et de celles relatives aux actes qui doivent être publiés dans les tribunaux.

XXIV. En cas de compulsoire, le procès-verbal sera dressé par le notaire dépositaire de l'acte, à moins que le tribunal qui l'ordonne ne commette un de ses membres, ou tout autre juge, ou un autre notaire.

XXV. Les grosses seules seront délivrées en forme exécutoire ; elles seront intitulées et terminées dans les mêmes termes que les jugemens des tribunaux.

XXVI. Il doit être fait mention, sur la minute, de la délivrance d'une première grosse, faite à chacune des parties intéressées : il ne peut lui en être délivé d'autre, à peine de destitution, sans une ordonnance du président du tribunal de première instance, laquelle demeurera jointe à la minute.

XXVII. Chaque notaire sera tenu d'avoir un cachet ou sceau particulier, portant ses nom, qualité et résidence, et, d'après un modèle uniforme, le type de la république française.

Les grosses et expéditions des actes porteront l'empreinte de ce cachet.

XXVIII. Les actes notariés seront légalisés, savoir, ceux des notaires à la résidence des tribunaux d'appel, lorsqu'on s'en servira hors de leur ressort ; et ceux des autres notaires, lorsqu'on s'en servira hors de leur département.

La légalisation sera faite par le président du tribunal de première instance de la résidence du notaire, ou du lieu où sera délivré l'acte ou l'expédition.

XXIX. Les notaires tiendront répertoire de tous les actes qu'ils recevront.

XXX. Les répertoires seront visés, cotés et paraphés par le président, ou, à son défaut, par un autre juge du tribunal civil de la résidence : ils contiendront la date, la nature et l'espèce de l'acte, les noms des parties, et la relation de l'enregistrement.

TITRE II.

Régime du Notariat.

SECTION I.re

Nombre, Placement et Cautionnement des Notaires.

XXXI. Le nombre des notaires pour chaque département, leur placement et résidence, seront déterminés par le gouvernement, de manière, 1.º que dans les villes de cent mille habitans et au-dessus, il y ait un notaire, au plus, par six mille habitans ; 2.º que dans les autres villes, bourgs ou villages, il y ait deux notaires au moins, ou cinq au plus, par chaque arrondissement de justice de paix.

XXXII. Les suppressions ou réductions de places ne seront effectuées que par mort, démission ou destitution.

XXXIII. Les notaires exercent sans patentes ; mais ils sont assujettis à un cautionnement fixé par le gouvernement, d'après les bases ci-après, et qui sera spécialement affecté à la garantie des condamnations prononcées contr'eux, par suite de l'exercice de leurs fonctions.

Lorsque, par l'effet de cette garantie, le montant du cautionnement aura été employé en tout ou en partie, le notaire sera suspendu de ses fonctions, jusqu'à ce que le cautionnement ait été entièrement rétabli ; et, faute par lui de rétablir, dans les six mois, l'intégralité du cautionnement, il sera considéré comme démissionnaire, et remplacé.

XXXIV. Le cautionnement sera fixé par le gouvernement, en raison combinée des ressort et résidence de chaque notaire, d'après un *minimum* et un *maximum*, suivant le tableau ci-après ; savoir :

| ET RÉSIDENCES | POUR LES NOTAIRES DES RESSORTS | | | | | |
| | DE TRIBUNAUX d'appel. DROITS. | | DE TRIBUNAUX de 1.re instance. DROITS. | | DE JUSTICES de paix. DROITS. | |
	Minimum.	Maximum.	Minimum.	Maximum.	Minimum.	Maximum.
au-dessous de 5,000 hab.	»	»	1,000 f.	1.500 f.	500 f.	800 f.
de 5,000 à 10,000......	2,000 f.	2.500 f.	1,500.	1,800.	800.	1,000.
de 10,000 à 25,000......	2 500.	3.200.	1,800.	2,200.	1,000.	1.400.
de 25,000 à 50,000......	3.200.	3.800.	2,200.	2,800.	1,400.	2,000.
de 50,000 à 75,000......	3.800.	4,400.	2,800.	3,400.		
de 75,000 à 100,000......	4,400.	5.000.	3,400.	4,000.		
de 100,000 et au-dessus.	»	6.000.				
le Paris..................	»	12,000.»				

(8)

Ces cautionnemens seront versés, remboursés et les intérêts payés conformément aux lois sur les cautionnemens, sous la déduction de tous versemens antérieurs.

SECTION II.

Conditions pour être admis, et Mode de nomination au Notariat.

XXXV. Pour être admis aux fonctions de notaire, il faudra.

1.º Jouir de l'exercice des droits de citoyen ;

2.º Avoir satisfait aux lois sur la conscription militaire ;

3.º Etre âgé de vingt'-cinq ans accomplis ;

4.º Justifier du temps de travail prescrit par les articles suivans.

XXXVI. Le temps de travail ou stage sera, sauf les exceptions ci-après, de six années entières et non interrompues, dont une des deux dernières, au moins, en qualité de premier clerc chez un notaire d'une classe égale à celle où se trouvera la place à remplir.

XXXVII. Le temps de travail pourra n'être que de quatre années lorsqu'il en aura été employé trois dans l'étude d'un notaire d'une classe supérieure à la place qui devra être remplie, et lorsque, pendant la quatrième, l'aspirant aura travaillé, en qualité de premier clerc, chez un notaire d'une classe supérieure ou égale à celle où se trouvera la place Pour laquelle il se présentera.

XXXVIII. Le notaire déjà reçu, et exerçant, depuis un an, dans une classe inférieure, sera dispensé de toute justification de stage, pour être admis à une place de notaire vacante dans une place immédiatement supérieure.

XXXIX. L'aspirant qui aura travaillé pendant quatre ans, sans interruption, chez un notaire de première ou de seconde classe, et qui aura été, pendant deux ans au moins, défenseur ou avoué près d'un tribunal civil, pourra être admis dans une des classes où il aura fait son stage, pourvu que, pendant l'une des deux dernières années de son stage, il ait travaillé, en qualité de premier clerc, chez un notaire d'une classe égale à celle où se trouvera la place à remplir.

XL. Le temps de travail exigé par les articles précédens, devra être d'un tiers en sus, toutes les fois que l'aspirant , ayant travaillé chez un notaire d'une classe inférieure, se présentera pour remplir une place d'une classe immédiatement supérieure.

XLI. Pour être admis à exercer dans la troisième clase de notaires, il suffira que l'aspirant ait travaillé, pendant trois années, chez un notaire de première ou seconde classe. ou qu'il ait exercé, comme défenseur ou avoué, pendant l'espace de deux années. auprès du tribunal da'ppel ou de première instance, et qu'en outre il ait travaillé, pendant un an , chez un notaire.

XLII. Le Gouvernement pourra dispenser de la justification du temps d'étude, les individus qui auront exercé des fonctions administratives ou judiciaires.

XLIII. L'aspirant demandera à la chambre de discipline du ressort dans lequel il devra exercer, un certficat de moralité et de capacité. Le certificat ne pourra être délivré qu'après que la chambre aura fait parvenir au commissaire du Gouvernement du tribunal de première instance, l'expédition de la délibération qui l'aura accordé.

XLIV. En cas de refus, la chambre donnera un avis motivé, et le communiquera au commissaire du Gouvernement, qui l'adressera au grand-juge, avec ses observations.

XLV. Les notaires seront nommés par le premier Consul, et obtiendront de lui une commission qui énoncera le lieu fixe de la résidence.

XLVI. Les commissions de notaire seront. dans leur intitulé, adressées au tribunal de première instance dans le ressort duquel le pourvu aura sa résidence.

XLVII. Dans les deux mois de sa nomination, et à peine de déchéance, le pourvu sera tenu de prêter , à l'audience du tribunal auquel la commission aura été adressée, le serment que la loi exige de tout fonctionnaire public , ainsi que celui de remplir ses fonctions avec exactitude et probité.

Il ne sera admis à prêter serment qu'en représentant l'original de sa commission et la quittance du versement de son cautionnement.

Il sera tenu de faire enregistrer le procès-verbal de prestation de serment au secrétariat de la municipalité du lieu où il devra résider. et aux greffes de tous les tribunaux dans le ressort desquels il doit exercer.

XLVIII. Il n'aura le droit d'exercer qu'à compter du jour où il aura prêté serment.

XLIX. Avant d'entrer en fonctions, les notaires devront déposer au greffe de chaque tribunal de première instance de leur département, et au secrétariat de la municipalité de leur résidence, leur signature et paraphe.

Les notaires à la résidence des tribunaux d'appel, feront en outre, ce dépôt aux greffes des autres tribunaux de première instance de leur ressort.

SECTION III.

Chambres de discipline.

L. Les chambres qui seront établies pour la discipline intérieure des notaires, seront organisées par des règlemens.

LI. Les honoraires et vacations des notaires seront réglés, à l'amiable, entr'eux et les parties ; sinon, par le tribunal civil de la résidence du notaire, sur l'avis de la chambre et sur simples mémoires sans frais.

LII. Tout notaire suspendu, destitué ou remplacé, devra, aussitôt après la notification qui lui aura été faite de sa suspension, de sa destitution ou de son remplacement, cesser l'exercice de son état, à peine de tous dommages et intérêts, et des autres condamnations prononcées par les lois contre tout fonctionnaire suspendu ou destitué qui continue l'exercice de ses fonctions.

Le notaire suspendu ne pourra les reprendre, sous les mêmes peines, qu'après la cessation du temps de la suspension.

LIII. Toutes suspensions, destitutions, condamnations d'amende et dommages-intérêts, seront prononcées contre les notaires par le tribunal civil de leur résidence, à la poursuite des parties intéressées, ou d'office à la poursuite et diligence du commissaire du Gouvernement.

Ces jugemens seront sujets à l'appel, et exécutoires par provision, excepté quant aux condamnations pécuniaires.

SECTION IV.

Garde, Transmission, Tables des minutes, et Recouvremens.

LIV. Les minutes et répertoires d'un notaire remplacé ou dont la place aura été supprimée, pourront être remis par lui ou par ses héritiers à l'un des notaires résidant dans la même commune, ou à l'un des notaires résidant dans le même canton, si le remplacé était le seul notaire établi dans la commune.

LV. Si la remise des minutes et répertoires du notaire remplacé n'a pas été effectuée, conformément à l'article précédent, dans le mois à compter du jour de la prestation du serment du successeur, la remise en sera faite à celui-ci.

LVI. Lorsque la place de notaire sera supprimée, le titulaire ou ses héritiers seront tenus de remettre les minutes et répertoires dans le délai de deux mois du jour de la suppression, à l'un des notaires de la commune ou à l'un des notaires du canton, conformément à l'article LIV.

LVII. Le commissaire du Gouvernement près le tribunal de première instance est chargé de veiller à ce que les remises ordonnées par les articles précédens soient effectuées; et dans le cas de suppression de la place, si le titulaire ou ses héritiers n'ont pas fait choix, dans les délais prescrits, du notaire à qui les minutes et répertoires devront être remis, le commissaire indiquera celui qui en demeurera dépositaire.

Le titulaire ou ses héritiers, en retard de satisfaire aux dispositions des articles LV et LVI, seront condamnés à cent francs d'amende par chaque mois de retard, à compter du jour de la sommation qui leur aura été faite d'effectuer la remise.

LVIII. Dans tous les cas, il sera dressé un état sommaire des minutes remises; et le notaire qui les recevra, s'en chargera au pied de cet état, dont un double sera remis à la chambre de discipline.

LIX. Le titulaire ou ses héritiers, et le notaire qui recevra les minutes, aux termes des articles LIV, LV et LVI, traiteront, de gré à gré, des recouvremens, à raison des actes dont les honoraires sont encore dus, et du bénéfice des expéditions.

S'ils ne peuvent s'accorder, l'appréciation en sera faite par deux notaires dont les parties conviendront, ou qui seront nommés d'office parmi les notaires de la même résidence, ou, à leur défaut, parmi ceux de la résidence la plus voisine.

LX. Tous dépôts de minutes, sous la dénomination de *Chambres de contrats*, *Bureaux de tabellionnage*, et autres, sont maintenus à la garde de leurs possesseurs actuels. Les grosses et expéditions ne pourront en être délivrés que par un notaire de la résidence des dépôts, ou, à défaut, par un notaire de la résidence la plus voisine.

Néanmoins, si lesdits dépôts de minutes ont été remis au greffe d'un tribunal, les grosses et expéditions pourront, dans ce cas seulement, être délivrées par le greffier.

LXI. Immédiatement après le décès du notaire ou autre possesseur de minutes, les minutes et répertoires seront mis sous les scellés par le juge-de-paix de la résidence, jusqu'à ce qu'un autre notaire en ait été provisoirement chargé par ordonnance du président du tribunal de la résidence.

TITRE III.
Des Notaires actuels.

LXII. Sont maintenus définitivement tous les notaires qui, au jour de la promulgation de la présente loi, seront en exercice.

LXIII. Sont également maintenus définitivement les notaires qui, au jour de la promulgation de la présente loi, n'ayant point été remplacés, n'auraient interrompu l'exercice de leurs fonctions ou n'auraient été empêchés d'y entrer que pour cause soit d'incompatibilité, soit de service militaire.

LXIV. Tous lesdits notaires exerceront ou continueront d'exercer leurs fonctions, et conserveront rang entr'eux, suivant la date de leurs réceptions respectives.

Mais ils seront tenus, dans les trois mois du jour de la publication de la présente loi,

1.º De remettre au greffe du tribunal de première instance de leur résidence, et sur un récépissé du greffier, tous les titres et pièces concernant leurs précédentes nomination et réception;

2.º De se pourvoir, avec ce récépissé, auprès du Gouvernement, à l'effet d'obtenir du premier Consul une commission confirmative, dans laquelle seront rappelés la date de leurs nomination et réception primitives, ainsi que le lieu fixe de leur résidence.

LXV. Dans les deux mois qui suivront la délivrance de cette commission, chacun desdits notaires sera tenu de prêter le serment prescrit par l'article XLVII, et de se conformer aux dispositions de l'article XLIX pour le dépôt des signature et paraphe.

Le présent article et le précédent seront exécutés, à peine de déchéance.

LXVI. Les notaires qui réunissent des fonctions incompatibles, seront tenus, dans les trois mois du jour de la publication de la présente loi, de faire leur option, et d'en déposer l'acte au greffe du tribunal de première instance de leur résidence; sinon, ils seront considérés comme ayant donné leur démission de l'état de notaire, et remplacés; et dans le cas où ils continueraient à l'exercer, ils encourront les peines prononcées par l'article LII.

LXVII. A compter du jour de leur option, ils auront un délai de trois mois pour obtenir la commission du premier consul, et pour remplir les formalités prescrites aux articles XLVII et XLIX; le tout sous les mêmes peines.

DISPOSITIONS GÉNÉRALES.

LXVIII. Tout acte fait en contravention aux dispositions contenues aux articles VI, VIII, IX, X, XIV, XX, LII, LXIV, LXV, LXVI et LXVII, est nul, s'il n'est pas revêtu de la signature de toutes les parties; et lorsque l'acte sera revêtu de la signature de toutes les parties contractantes, il ne vaudra que comme écrit sous signature privée; sauf, dans les deux cas, s'il y a lieu, les dommages-intérêts contre le notaire contrevenant.

LXIX. La loi du 6 octobre 1791, et toutes autres, sont abrogées en ce qu'elles ont de contraire à la présente.

ARRÊTÉ

Relatif à l'établissement et à l'organisation des Chambres de Notaires.

Paris, le 2 Nivôse an XII.

Le gouvernement de la république, sur le rapport du

grand-juge, ministre de la justice ; le conseil d'état entendu , arrête ce qui suit :

Chambres des Notaires et ses attributions.

Art. 1.er Il sera établi auprès de chaque tribunal civil
de première instance et dans son chef-lieu, une chambre
des notaires de son ressort, pour leur discipline intérieure.

II. Les attributions de la chambre seront ,

1.º De maintenir la discipline intérieure entre les
notaires, et de prononcer l'application de toutes les
censures et autres dispositions de discipline. ;

2.º De prévenir ou concilier tous différens entre notaires, et notamment ceux sur des communications,
remises, dépôts et rétentions de pièces, fonds et autres
objets quelconques ; sur des questions soit de réception
et garde des minutes, soit de préférence ou concurrence
dans les inventaires, partages, ventes ou adjudications
et autres actes ; et, en cas de non-conciliation, d'émettre son opinion par simple avis ;

3.º De prévenir ou concilier également toutes plain-
tes et réclamations de la part de tiers contre des notaires,
à raison de leurs fonctions ; donner simplement son avis
sur les dommages-intérêts qui en résulteraient, et répri-
mer, par voie de censure et autres dispositions de discipline, toutes infractions qui en seraient l'objet , sans
préjudice de l'action devant les tribunaux , s'il y a lieu ;

4.º De donner, comme tiers , son avis sur les difficultés concernant le règlement des honoraires et vacations des notaires, ainsi que sur tous différens soumis à
cet égard au tribunal civil ;

5.º De délivrer ou refuser , s'il y a lieu , tous certificats de bonnes mœurs et capacité à elle demandés par les
aspirans qui se présenteront pour être admis aux fonctions de notaires ; prendre à ce sujet toutes délibérations
ou donner tous avis motivés, les adresser ou commu-
niquer à qui de droit ;

6.º De recevoir en dépôt les états de minutes dépen-
dantes des places de notaires supprimés ;

7.º Et enfin de représenter tous les notaires de l'arrondissement collectivement , sous les rapports de leurs
droits et intérêts communs.

Organisation

Organisation de la Chambre.

III. Chaque chambre de notaires sera composée de membres désignés par eux parmi les notaires de l'arrondissement.

Leur nombre est fixé à dix-neuf pour la chambre des notaires de Paris, à neuf lorsque celui des notaires du ressort de la chambre sera au-dessus de cinquante, et à sept lorsqu'il sera au-dessous.

IV. Les membres de la chambre ne pourront délibérer valablement qu'autant que ceux présens et votans seront au moins au nombre de douze pour Paris, de sept pour les chambres composées de neuf membres, et de cinq pour les autres chambres.

V. Les membres de la chambre choisiront entr'eux ;

1.º Un président qui aura voix prépondérante en cas de partage d'opinions ; il convoquera la chambre extraordinairement, quand il le jugera à propos, ou sur la réquisition motivée de deux autres membres ; il aura la police d'ordre dans la chambre ;

2.º Un syndic qui sera partie poursuivante contre les notaires inculpés ; il sera entendu préalablement à toutes délibérations de la chambre, qui sera tenue de délibérer sur tous ses réquisitoires ; il aura, comme le président, le droit de la convoquer ; il poursuivra l'exécution de ses délibérations, dans la forme ci-après déterminée, et agira, pour la chambre, dans tous les cas et conformément à ce qu'elle aura délibéré ;

3.º Un rapporteur qui recueillera les renseignemens sur les affaires contre les notaires inculpés, et en fera rapport à la chambre ;

4.º Un secrétaire qui rédigera les délibérations de la chambre, qui sera le gardien des archives, et délivrera toutes les expéditions ;

5.º Un trésorier qui tiendra la bourse commune ci-après établie, fera les recettes et dépenses autorisées par la chambre : il en rendra compte, à la fin de chaque trimestre, à la chambre assemblée, qui les arrêtera ainsi que de droit, et lui en donnera sa décharge.

VI. Le nombre des membres qui doivent composer les chambres des notaires d'après l'article III, celui qui,

d'après l'article IV , est nécessaire à la validité des délibérations de la chambre, pourront être, suivant les localités, réduits ou augmentés par le gouvernement.

Le nombre des syndics pourra être porté à trois pour
Paris, et à deux pour les chambres dont le ressort comprendra plus de cinquante notaires.

VII. Indépendamment des attributions particulières
données aux membres désignés dans l'article V, chacun
d'eux aura voix délibérative, ainsi que les autres membres, dans toutes les assemblées de la chambre; et néanmoins, lorsqu'il s'agira d'affaires où le syndic sera partie
contre un notaire inculpé, le syndic n'aura que voix
consultative, et ne sera point compté parmi les votans,
à moins que son opinion ne soit à décharge.

VIII. Les fonctions spéciales attribuées par l'article V
à chacun des membres dont il ordonne la création,
pourront être cumulées lorsque le nombre des membres
composant la chambre sera au-dessous de sept; et néanmoins les fonctions de président, de syndic et de rapporteur, seront toujours exercées par trois personnes différentes.

Quel que soit le nombre des membres composant la
chambre, la même cumulation de fonctions pourra
avoir lieu momentanément, en cas d'absence ou empê-
chemens de quelqu'un des membres désignés dans
l'article V, lesquels, pour ce cas, se suppléeront entre
eux, ou pourront même être suppléés par tel autre
membre de la chambre.

Les suppléans momentanés seront nommés par le président de la chambre, ou, s'il est absent, par la majorité
des membres présens en nombre suffisant pour délibérer.

Pouvoirs de la Chambre dans les moyens de

discipline.

IX. La chambre prononcera par voie de décision
pour les cas de police et discipline intérieure.

X. La chambre mandera les notaires à ses séances,
prononcera contr'eux, par forme de discipline, et suivant
la gravité des cas, soit le rappel à l'ordre, soit la censure
simple par la décision même, soit la censure avec répri-
mande par le président aux notaires en personne, dans

la chambre assemblée, soit la privation de voix délibérative dans l'assemblée générale, soit l'interdiction de l'entrée de la chambre pendant un espace de temps qui ne pourra excéder trois ans pour la première fois, et qui ne pourra s étendre à six ans en cas de récidive.

XI. Si l'inculpation portée à la chambre contre un notaire paraît assez grave pour mériter la suspension du notaire inculpé, la chambre s'adjoindra, par la voie du sort. d autres notaires de son ressort; savoir, celle de Paris dix notaires ; et les autres chambres, un nombre égal, plus un, à celui de leurs membres.

La chambre ainsi composée émettra, par forme de simple avis et à la majorité absolue des voix, son opinion sur la suspension et sa durée.

Les voix seront recueillies, en ce cas, au scrutin secret, par *oui* ou par *non* ; mais l'avis ne pourra être formé, si les deux tiers au moins de tous les membres appelés à l'assemblée n'y sont présens.

XII. Quand l avis émis par la majorité des membres de la chambre sera pour la suspension, il sera déposé au greffe du tribunal; expédition en sera remise au commissaire du gouvernement, qui en fera l'usage prescrit par la loi.

Mode de procéder en la Chambre.

XIII Le syndic déférera à la chambre les faits relatifs à la discipline ; et il sera tenu de les lui dénoncer, soit d'office, quand il en aura eu connaissance, soit sur la provocation des parties intéressées, soit sur celle d'un des membres de la chambre.

Les notaires inculpés seront cités à la chambre, avec délai suffisant, qui ne pourra être au-dessous de cinq jours, à la diligence du syndic, par une simple lettre indicative de l'objet. signée de lui. et envoyée par le secrétaire, qui en tiendra note.

Si le notaire ne comparaît point sur la lettre du syndic. il sera cité une seconde fois dans le même délai, à la même diligence. par ministère d'huissier.

XIV. Quant aux différens entre notaires, et aux difficultés sur lesquelles la chambre est chargée d'émettre son avis, les notaires pourront se présenter contradictoirement, et sans citation préalable, aux séances de la chambre : ils pourront également y être cités, soit par simples lettres indicatives des objets, signées des notaires provoquans, et renvoyées par le secrétaire, auquel ils en laisseron des doubles, soit par des citations, dont ils déposeront les originaux au secrétariat. Ces citations officielles, ou par lettres, seront données avec les mêmes délais que celles du syndic, après avoir été préalablement soumises au visa du président de la chambre.

XV. La chambre prendra ses délibérations, dans les affaires particulières, après avoir entendu ou dûment appelé, dans la forme ci-dessus prescrite, les notaires inculpés ou intéressés, ensemble les tierces parties qui voudront être entendues, et qui, dans tous les cas, pourront se faire représenter ou assister par un notaire.

Les délibérations de la chambre seront motivées et signées sur la minute par le président et le secrétaire, à la séance même où elles seront prises.

Chaque délibération contiendra les noms des membres présens.

Ces délibérations n'étant que de simples actes d'administration, d'ordre ou de discipline intérieure, ou de simples avis, ne seront, dans aucun cas, sujettes au droit d'enregistrement, non plus que les pièces y relatives

Les délibérations de la chambre seront notifiées, quand il y aura lieu, dans la même forme que les citations, et il en sera fait mention par le secrétaire, en marge desdites délibérations.

XVI. Les assemblées de la chambre se tiendront en un local à ce destiné dans la ville où elle sera établie.

Chaque année il y aura de droit deux assemblées générales, et il pourra y en avoir d'autres extraordinaires toutes les fois que les circonstances l'exigeront et que la chambre le jugera convenable.

Les assemblées générales ou extraordinaires seront convoquées conformément aux dispositions rappelées en l'art. V. Tous les notaires du ressort de la chambre seront invités à s'y rendre, soit pour les nominations dont parle l'art. XVIII ci-après, soit pour se concerter sur ce qui intéressera l'exercice de leurs fonctions.

XVII. Il ne pourra être pris de délibération en assemblée générale qu'autant que le nombre des notaires présens sera au moins du tiers de tous ceux du ressort de la chambre, non compris dans ce tiers les membres de la chambre.

Nomination des membres de la Chambre, et durée de leurs fonctions.

XVIII. Les membres de la chambre seront nommés par l'assemblée générale des notaires de son ressort, convoqués à cet effet.

La moitié desdits membres sera choisie dans les plus anciens en exercice, formant le tiers de tous les notaires du ressort.

La nomination aura lieu à la majorité absolue des voix, au scrutin secret, et par bulletin de liste contenant un nombre de noms qui ne pourra excéder celui des membres à nommer.

XIX. Les membres de la chambre seront renouvelés chaque année, et par tiers, pour les nombres qui comportent cette division, et par portions approchant le plus du tiers pour les autres nombres, en faisant alterner, chaque année, les portions inférieures et supérieures au tiers, mais en commençant par les inférieures, et de manière que, dans tous les cas, aucun membre ne puisse rester en fonctions plus de trois ans consécutifs.

Les deux premiers renouvellemens seront indiqués par le sort, les autres par l'ancienneté de nomination.

XX. Les membres désignés pour composer la chambre nommeront entr'eux, en suivant le mode de l'art. XVIII, les président et autres officiers dont parle l'art. V. Le président sera toujours pris parmi les plus anciens désignés dans l'article XVIII.

Cette nomination particulière se renouvellera chaque année ; les mêmes pourront être réélus : à égalité de voix, le plus ancien d'âge obtiendra la préférence.

XXI. La nomination des membres de la chambre se fera de droit le 15 brumaire de chaque année.

Ils entreront en fonctions le premier frimaire suivant, et le même jour nommeront les président et autres officiers, qui de suite entreront aussi en fonctions.

La première nomination aura lieu, au plus tard, le 15 pluviôse prochain ; et les membres entreront en fonctions dans la huitaine qui suivra leur nomination.

Fonds pour les dépenses de la Chambre.

XXII. Il y aura une bourse commune pour les dépenses de la chambre.

Elle sera établie de manière qu'elle n'excède pas les dépenses nécessaires.

Elle sera consentie par l'assemblée générale, répartie sur les divers membres d'arrondissement, et le rôle rendu exécutoire par le président du tribunal d'appel du ressort, sur le rapport et d'après l'avis du commissaire établi près le même tribunal.

L'arrêté qui aura ainsi établi la bourse commune sera adressé au grand-juge, qui prononcera sur les réclamations.

XXIII. Il sera pourvu, lors du règlement général à faire pour l'exécution de la loi du 25 ventôse an XI sur le notariat, à toutes autres dispositions qui pourraient concerner les chambres de discipline.

XXIV. Le grand-juge, ministre de la justice, est chargé de l'exécution du présent arrêté, qui sera inséré au Bulletin des lois.

TABLE DES MATIÈRES.

Les chiffres renvoient aux pages.

A.

ABRÉVIATIONS, *sont prohibées dans un acte*, 7.

ACCEPTATION. *Formule*, 318.

ACTE, 22.

ACQUETS, *voyez* MARIAGE.

ALINÉA, *sont permis dans un acte*, 7.

AMENDES *encourues par le notaire*, 6, 7, 9, 10, 12, 13, 14, 17, 19.

ANNUAIRE *Grégorien*, *doit être observé, à dater du 1.er Janvier 1806*, 13.

ANTICHRESE, 110. *Formule*, 112.

APPRENTISSAGE (BREVET D'), 197. *Formule*, 198.

ARRETÉ *relatif à l'établissement et à l'organisation des chambres des notaires, du 2 nivôse an* **XII**. (13).

AUTORISATION, 156. *Formule*, 157.

B.

BAIL *à cheptel. Ses diverses espèces*, 129 *et suiv.* *Formule*, 134.

BAIL *à ferme*, 125. *Stipulation de la contrainte par corps*, ibid. *Formule*, 126.

BAIL *à loyer*, 120. *Formule*, 124.

BAIL *à moitié fruits*, 134. *Formule*, 137.

BÉNÉFICE *de discussion et de division*, 51.

25....

BLANCS, *lacunes, intervalles sont prohibés*, 7.

BREVET (*Actes qu'on peut délivrer en*), 13.

C.

CACHET *ou sceau notarial*. 16.

CAPACITÉ *pour contracter*, 27.

CAUSE, 28.

CAUTIONNEMENT, 55. *Ses effets entre la caution et le débiteur*, 58. *Ses effets entre les cofidéjusseurs*, 59. *Son extinction*, ibid. *Formule*, 60.

CESSION *de biens*, 106. *Formule*, 107.

CHARGE, 26.

CLAUSE, 26. *Clause pénale*, 33.

COMMAND, 91. *Formule*, 92.

COMPENSATION, 34 *et* 35.

COMPROMIS, 174. *Révocabilité*, ibid. *Formule*, 175.

COMPTES (Arrêté de), 200. *Formule*, 201.

CONDITION, 26. *Ses diverses espèces*, 29 *et* 30.

CONFUSION, 35.

CONSENTEMENT, 26.

CONTRAINTE *par corps*, voyez Bail à ferme.

CONTRAT, 21. *Ses diverses espèces*, 22 *et suiv.*

CONVENTION, *ce qu'elle requiert pour sa validité*, 26.

D.

DATES, *doivent être énoncées en toutes lettres*, 9.

DÉCLARATIONS *portant que les parties ne savent ou ne peuvent signer, doivent être mentionnées dans l'acte*, 11.

DÉLAI *pour l'enregistrement des actes*, voyez le *nota* de la page 21.

DÉLÉGATION, 77.

DÉPOT, 51. *Ses diverses espèces*, ibid. *Formule*, 54.

DEVIS ET MARCHÉS, 140. *Formule*, 142.

DONATION *entre-vifs*, 265. *Celui qui n'est pas sain d'esprit ne peut disposer par donation*, 266. *Capacité pour pouvoir disposer et recevoir par donation*, ibid. *Quotité de biens disponible et réduction*, 273. *Forme des donations*, 276. *La femme mariée ne peut accepter une donation sans le consentement de son mari, ou à son refus sans l'autorisation de la justice*, 278. *Formalités à observer par le tuteur pour l'acceptation d'une donation faite aux mineurs et interdits*, 279. *Le mineur émancipé peut accepter une donation, assisté de son curateur*, ibid. *Lieu où doit se faire la transcription d'un acte portant donation de biens susceptibles d'hypothèques*, 280. *État estimatif nécessaire pour la validité d'une donation d'effets mobiliers*, 283. *Stipulation du droit de retour des objets donnés*, 284. *Cas de révocabilité des donations entre-vifs*, ibid. *Donations par contrat de mariage faites aux époux et aux enfans à naître*, 287. *Dispositions entre époux, soit par contrat de mariage, soit pendant*, 290. *Quotité dont l'époux peut disposer envers l'autre, s'il a des enfans ou descendans*, 291. *Celle dont il peut disposer s'il n'a ni enfans ni descendans*, ibid. *Celle dont l'homme ou la femme ayant des enfans d'un autre lit, peut disposer envers l'époux avec lequel il contracte un mariage subséquent*, 292. *Formules*, 315 et suiv.

DOT, *voyez* MARIAGE.

E.

ÉCHANGE, 94. *Droit du copermutant évincé*, ibid. *Nécessité d'évaluer les objets échangés*, ibid. *La lésion n'a pas lieu dans ce contrat*, 95. *Formules*, ibid. et suiv.

EXPÉDITIONS, 15. *Qui peut les délivrer*, 13 et 14. *Cas où elles peuvent être délivrées à d'autres qu'aux parties intéressées en nom direct, héritiers ou ayant-droit*, ibid.

F.

FÉODALES (Clauses et expressions), *ne peuvent être insérées dans un acte*, 12.

FONCTIONS *incompatibles avec celles de notaire,* 3 et 4.

FORME *exécutoire*, 15.

G.

GAGE , 47. *Formule*, 5o.

GROSSES, 15. *Qui peut les délivrer*, 13 et 14. *A qui on peut les délivrer*, 15. *Cas où l'on peut délivrer de secondes grosses*, 16.

I.

IMMEUBLES , 75.

INCAPACITÉ , 27.

INSCRIPTION *hypothécaire* (Comment s'opère l') ; 155.

INTÉRET *légal et conventionnel*, 42 et 43.

INTERVALLES, *voyez* BLANCS.

INVENTAIRE, 251. *Formules*, 253.

L.

LACUNES, *voyez* BLANCS.

LECTURE *de l'acte doit être faite aux parties*, 10. *Celle du testament doit être faite au testateur en présence des témoins*, 296.

LÉGALISATION, 17 et 18.

LÉSION, *cas où elle vicie les conventions*, 77.

LETTRE DE CHANGE, 193. *Conditions essentielles qu'elle doit réunir*, ibid. *Ce qu'elle doit contenir pour sa validité*, 194. *Quelles personnes figurent dans une lettre de change*, ibid. *Lettre de change notariée*, 195. *Endossement*, ibid. *Formule*, ibid.

LOUAGE, *ses diverses espèces*, 119.

LOI *contenant organisation du notariat, du* 25 *ventôse an XI*, (1).

M.

MANDAT, 159. *Ses diverses espèces, 160. Obligations du mandataire, 161. Obligations du mandant, 162. Comment finit le mandat, 163. Il doit être annexé à l'acte passé en conséquence, 9 et 10. Formules, 164. Formule de révocation du mandat, 169. Formule de rénonciation au mandat, ibid.*

MARCHÉS, *voyez* DEVIS.

MARIAGE, 203. *Époque à laquelle les conventions matrimoniales doivent être rédigées ibid. Elles ne peuvent être changées après le mariage, 204. Il n'en est pas de même avant la célébration, ibid. Cas où la mineure peut stipuler que sa constitution pourra être vendue 205. Prohibitions de stipuler que les conventions seront réglées par les coutumes, lois ou statuts locaux, 206. Diverses manières dont les conventions matrimoniales peuvent être régies, ibid. Régime dotal, ibid. Bien dotal, 207. Obligations des constituans de la dot, 209. Droits du mari sur les biens dotaux, ibid. Inaliénabilité du fonds dotal, 211. Exceptions, ibid. Biens paraphernaux, 214. Acquêts, 215. Communauté, 216. Ses diverses espèces, ibid. Actif de la communauté légale, 217. Passif de la communauté, 219. Administration de la communauté, 220. Dissolution de la société, 223. Communauté conventionnelle, 224. Conventions exclusives de la communauté et du régime dotal, 226. Clause de séparation de biens, 227. Formules 229.*

MENTION *de la lecture doit être faite dans l'acte, 10 et 296. Celle de l'écriture du testament par le notaire, ibid. Celle des signataires, 298 et 10.*

MESURES (Nouvelles), *voyez* POIDS.

MEUBLES, 76.

MINUTES, *exceptions à la règle, qui prescrit aux notaires de garder minute des actes qu'ils reçoivent, 13. Cas où le notaire peut s'en dessaisir, 14. Précautions alors à prendre, ibid.*

6 · TABLE

MOTS *surchargés, ajoutés ou interlignés, sont nuls,*
12. *Ceux qui sont rayés doivent être constatés à
la marge de la page correspondante, ou à la fin,
et approuvés,* ibid.

N.

NOTAIRES, *leurs fonctions et ressort dans lequel ils
peuvent instrumenter.* 1, 2 et 3. *Ils ne peuvent
recevoir des actes dans lesquels leurs parens ou
alliés en ligne directe, à tous les degrés en collatérale, jusqu'au degré d'oncle ou de neveu inclusivement, seraient parties, ou qui contiendraient
quelques dispositions en leur faveur,* 4. *Ils ne
peuvent citer un acte, ou écrit sous seing-privé,
sans relater l'enregistrement,* 17. *Ils ne peuvent
recevoir en dépôt, délivrer des extraits ou expéditions d'un acte, s'il n'a été préalablement enregistré,* ibid. *Précautions qu'ils doivent prendre
quand ils délivrent une grosse,* 16.

NOTIFICATION (Acte de), 249. *Formule,* ibid.

NOTORIÉTÉ (Acte de), 171. *Formule,* ibid.

NOVATION (Comment s'opère la), 34.

NULLITÉ *ou* RESCISION. 35.

O.

OBJETS *certains, qui peuvent faire la matière de
l'engagement,* 27.

OBLIGATIONS, 28. *Ses diverses espèces,* ibid. *et
suivantes.*

P.

PAIEMENT (Comment s'opère le), 34.

PARTAGE, 257. *Formalités à observer si les copartageans sont mineurs ou interdits,* 258. *Obligu-
tions des copartageans,* ibid. *Cas où le partage
peut être rescindé,* ibid. *Formule* 259. *Celui fait
par les ascendans,* voyez TESTAMENT.

PARTIES (les) *doivent être connues du notaire,* 5.
*Dans le cas contraire, deux témoins doivent at-
tester les connaître,* 6.

PATENTE, *cas où le notaire doit en faire mention*, 17.

PEINES *encourues par le notaire*, 2, 3 *et* 12.

PERTE *de la chose*, 35.

PIGNORATIF, 114. *Formule*, 116.

POIDS *et* MESURES (Nouveaux), 13.

PRÉCIPUT *ou* HORS PART, 275.

PRESCRIPTION, 36.

PRET *à usage*, 37. *Formule*, 40. *De consommation*, 41. *Formules*, 43.

PROCURATION, *voyez* MANDAT.

Q.

QUITTANCE, 62. *Formule*, ibid.

QUOTITÉ *de biens disponible*, voyez DONATIONS.

R.

RACHAT (Faculté de), *voyez* VENTE.

RADIATION *d'une inscription hypothécaire*. (*Comment s'opère la*), 156.

RATIFICATION, 170. *Formule*, ibid.

REMISE *volontaire*, 34.

RENTE *constituée*, 149. *Formule*, 152. *Rente viagère* 145. *Formule* 148.

RENVOIS, *doivent être mis en marge, ou à la fin de l'acte. Les premiers doivent être signés ou paraphés par le notaire et les parties ; et les derniers doivent être signés ou paraphés, et de plus, expressément approuvés*, 11 *et* 12.

RÉPERTOIRE, 18 *et* 19.

RÉSIDENCE, *celle du notaire, des témoins et des parties, doit être énoncée dans l'acte*, 6.

RÉSILIATION, 172. *Formule*, 173.

RESPECTUEUX (Acte), 247. *Cas où il doit être renouvellé*, ibid. *A qui et par qui doit-il être notifié*, 248. *Formule*, ibid.

S.

SIGNATURE *de l'auteur sur le revers du frontispice.*

SOCIÉTÉ (Contrat de), 185. *Ses diverses espèces,*
ibid. *De combien de manières finit ce contrat,* 189.
Prorogation, 190. *Formule,* 191.

SOMMES *doivent être énoncées en toutes lettres,* 9.

STELLIONAT, 72.

SUBROGATION, 78.

SUBSTITUTIONS *sont abolies,* 263. *Exceptions,* 264.

SUSCRIPTION (Acte de), 300. *Formule,* 348.

T.

TÉMOINS, *conditions qu'ils doivent réunir pour les*
actes, 5. *Les clercs ne peuvent être pris pour té-*
moins, ibid. *De même que les serviteurs du notaire*
et des parties contractantes, ibid. *Les parens ou*
alliés du notaire ou des parties contractantes à
tous les degrés, en ligne directe et en collatérale
jusqu'au degré d'oncle ou de neveu inclusivement,
ne peuvent non plus être pris pour témoins, ibid.
Conditions que les témoins doivent réunir pour les
testamens, 304. *Il en faut quatre pour un testa-*
ment public, quand il est retenu par un seul notaire,
et deux quand il est retenu par deux notaires,
296. *Les témoins doivent signer le testament,* 298.
Cas d'exception, ibid. *Le légataire, ses parens au*
quatrième degré inclusivement. et les clercs du
notaire, ne peuvent être pris pour témoins dans
un testament, 299. *Il faut six témoins signataires*
à l'acte de suscription, 300. *Cas où il en faut*
sept, 302.

TESTAMENT, 263. *Celui qui n'est pas sain d'esprit*
ne peut disposer par testament, 266. *Capacité*
requise pour pouvoir diposer ou recevoir par testa-
ment, ibid. *Règles générales sur la forme des*
testamens, 294. *Deux ou plusieurs personnes ne*
peuvent tester par le même acte, 295. *Diverses*
espèces de testamens, ibid. *Formes du testament*

olographe, 296. Celles d'un testament public, ibib. Celles du testament mystique, 300. Legs universel, 304. Qui doit faire l'ouverture des testamens olographes et mystiques avant d'être mis à exécution, 306. Legs à titre universel, 307. Legs particulier, ibid. Exécuteurs testamentaires, 309. Leurs obligations, ibid. Révocation de testament, 312. Formules, 346. Partage des ascendans, 312. Formes dans lesquelles il peut être fait, 313. Cas où le partage peut être attaqué, 314. Formules de testament, 330 et suivantes.

TITRE nouvel, 153. Formule, 154.

TRANSACTION, 176. Capacité requise pour pouvoir transiger, ibid. Formules, 180.

TRANSCRIPTION, voyez VENTE.

TRANSPORT, 99. Formules, 101 et suivantes.

V.

VELLÉYEN, 57.

VENTE, 64. Comment se forme ce contrat, ibid. Vente pure et simple, ibid. Vente conditionnelle, 65. Promesse de vente, ibid. Vente entr'époux ; cas où elle est permise, 66. Objets qui peuvent être vendus, 67. Obligations du vendeur, 68. Transcription, 72 et 73. Obligations de l'acquéreur, 73. Faculté de rachat, 74. Formules de vente, 79 et suivantes.

FIN DE LA TABLE DES MATIÈRES.